SAN FELIPE: GRUPOS DE CLASE MEDIA SE ENCUENTRAN

Omar Pereyra

San Felipe

Grupos de clase media se encuentran

IEP
INSTITUTO DE
ESTUDIOS
PERUANOS

Serie: Perú Problema, 50

Este libro fue publicado en inglés con el título *Contemporary Middle Class: A Study of San Felipe por Lexington Books* (Lanham, Maryland, EE. UU.) el año 2015.

Esta traducción se publica con el permiso de Lexington Books.

Horacio Urteaga 694, Lima 11
Telf.: (51-1) 332-6194
www.iep.org.pe

ISBN: 978-9972-51-613-9
ISSN: 0079-1075
Impreso en Perú

Primera edición: Lima, noviembre 2016
1000 ejemplares

Hecho el depósito legal 2016-16319
en la Biblioteca Nacional del Perú: 2016-16319

Registro del proyecto editorial
en la Biblioteca Nacional: 31501131601345

Traducción:	Omar Pereyra
Corrección:	Daniel Soria
Diagramación:	Carolina Carrillo
Carátula:	Gino Becerra
Fotografía de carátula:	Gino Becerra
Cuidado de edición:	Odín del Pozo

Pereyra, Omar
San Felipe: grupos de clase media se encuentran. Lima, IEP, 2016. (Perú Problema, 50)

1. CLASE MEDIA; 2. MOVILIDAD SOCIAL; 4. CAMBIO SOCIAL; 5. CIUDADES Y PUEBLOS; 6. ESTUDIOS DE CASOS; 8. SIGLO XXI; 9. SOCIOLOGÍA URBANA; 10. BARRIOS; 11. PERÚ; 12. LIMA.

W/02.04.01/P/50

ÍNDICE

AGRADECIMIENTOS

Un proyecto de investigación, aunque tiene un autor, es también un proyecto colectivo. El proyecto de investigación en sí es el producto del trabajo de alguien, pero su éxito no sería posible sin la gentileza y apoyo de diferentes personas en distintas etapas. En este sentido, aunque esta investigación demandó mucha de mi energía, no hubiera podido ser realizada sin la ayuda y apoyo de otras personas a mi alrededor.

Este libro tiene sus orígenes en mi tesis doctoral en sociología en Brown University. La investigación original fue financiada por distintas fuentes en sus distintas etapas. El Graduate Program in Development del Watson Institute me dio un generoso apoyo para realizar el trabajo de campo preliminar, que me permitió delimitar mejor mi tema de estudio y afinar mis preguntas de investigación. La Fundation for Urban and Regional Research también me otorgó una generosa beca para los primeros meses de trabajo de campo. También la Graduate School de Brown University me brindó un año de financiamiento, el cual usé para terminar el trabajo de campo. Finalmente, el Departamento de Sociología de Brown University me dio la gran oportunidad de trabajar como editor administrativo de la revista *City & Community*, de la American Sociological Association, durante el año que dediqué a escribir la tesis. Esta fue una oportunidad invaluable para alguien enfrascado en la labor de escribir una tesis: uno aprende mucho sobre el proceso de escribir al observar a otros académicos profesionales en diferentes etapas de sus carreras presentando sus investigaciones en forma de artículos.

La mayor de mis gratitudes es para mis asesores en Brown University. John Logan fue mi asesor principal. Él siguió y orientó con paciencia mi trabajo durante sus distintas etapas. Sus comentarios agudos y sus preguntas sencillas siempre fueron difíciles de contestar. Muchas veces me tomaba días el volver a su oficina con alguna idea acerca de cómo resolverlas. Siempre me sentí bienvenido en su oficina, aprovechando su invitación resumida en la frase "ven libremente cuando veas la puerta abierta". Siempre fue un lector cuidadoso de mis muchas versiones de los capítulos de la tesis y me hizo el tipo de comentarios y sugerencias que es capaz de dar alguien con una vasta experiencia en la investigación y asesoría a otros estudiantes que habían pasado por el mismo proceso.

Hilary Silver y José Itzigsohn fueron mis otros dos asesores y miembros de mi comité evaluador. Hilary siempre se mostró entusiasta con el desarrollo de mis ideas (incluso a veces más entusiasta que yo). Su conocimiento de las áreas que se intersectan en esta investigación —sociología urbana y estratificación— fueron de mucha ayuda para pensar en los distintos caminos que esta podía tomar. José fue un lector paciente y cuidadoso de los distintos borradores de los capítulos que escribí, y fue además quien me empujó más durante la etapa final de escritura, asegurándose de que "contara una historia coherente" sin desviarme del tema principal.

También en Brown, quiero agradecer a Gianpaolo Baiocchi y Richard Snyder. Ambos siguieron con interés el desarrollo de mi investigación durante esos años. Debo a Gianpaolo casi todo lo que sé sobre investigación cualitativa en distintas formas, estilos y paradigmas. Richard siempre estuvo interesado en el camino que tomaba mi investigación y me ofreció literatura adicional sobre América Latina y me alentó a desarrollar una aproximación más interdisciplinaria, multimetodológica y comparativa.

También quiero agradecer a los lectores-jurados de la tesis, Mary Fennell y David Lindstrom, quienes generosamente me hicieron comentarios y sugerencias importantes que desarrollo en este libro. Provenientes de distintas áreas de especialización de la sociología, su forma de evaluar el manuscrito de mi tesis fue bastante fresca, señalando otras ideas y perspectivas que recogí para transformar el manuscrito de la tesis en libro.

Hacer una tesis es también un viaje por distintos lugares, donde conocemos a otros investigadores. Un primer grupo muy influyente y de gran ayuda para mi trabajo fue el del Sociology Workshop on Culture and Social Processes, dirigido por Michèle Lamont, en Harvard University. Asistí a sus reuniones de forma disciplinada por cerca de tres años y encontré allí a una comunidad estimulante de académicos jóvenes y mayores también. Durante esos años discutimos una gran cantidad de temas y proyectos de investigación en distintas etapas de elaboración. Mi proyecto fue uno de ellos. Fue una gran oportunidad para aprender de las experiencias de otras personas y de las distintas tradiciones de las que se nutren sus trabajos. Lo común a todos estos diferentes temas y proyectos fue tener el mismo objetivo: ayudarse mutuamente a pensar de forma sociológica y a hacer argumentos sociológicos. Michèle fue también una lectora paciente y generosa de mi proyecto, desde su etapa inicial hasta su versión casi final.

Durante este proceso también encontré consejo y apoyo del grupo formado alrededor del Research Committee 21 de la International Sociological Association y la Foundation for Urban and Regional Research. Jeremy Seekings (University of Cape Town), Eduardo Marques (Universidad de São Paulo) y Yuri Kazekov (University of Urbino) se interesaron en mi proyecto y en el desarrollo de mi carrera. Luego de conocerlos en São Paulo, mantuvimos contacto y se dieron tiempo para conversar sobre mi proyecto cuando visitaban Brown University y en las conferencias del RC21, donde continuamos encontrándonos.

También estoy muy agradecido a Edmond Préteceille (Sciences Po, París) y Licia Valladares (Universidad de São Paulo), quienes mostraron interés en mi proyecto y me hicieron comentarios y recomendaron literatura adicional proveniente de Francia, Inglaterra y Latinoamérica. También me pusieron en contacto con sus estudiantes, con quienes empezamos a intercambiar información. Sus comentarios fueron muy importantes, sobre todo en el último año de mi investigación.

Tengo que dar un agradecimiento muy especial a los vecinos de San Felipe y a los presidentes de los edificios que me abrieron sus puertas y me recibieron durante mi trabajo de campo. Este libro no sería posible sin su ayuda, apoyo y generosidad al compartir conmigo parte de sus vidas. Debido a razones de confidencialidad, no puedo mencionar sus nombres, pero los vecinos aludidos saben que me refiero a ellos. A todos ellos mis mayores agradecimientos y reconocimiento. También quiero agradecer a los líderes de las organizaciones locales de San Felipe, quienes me recibieron en sus reuniones: Adolfo Córdova, Alejandro Silva, Dora Álvarez, Víctor Hidalgo, Juan Vásquez, Elena Lora y Carmen Derpich. A todos mi mayor agradecimiento. También deseo agradecer a la Municipalidad de Jesús María, especialmente a Martín Galarza, Nancy Montes y Julia Gómez, de la oficina de Participación Vecinal. Además quiero agradecer al personal de la Casa del Vecino y a los vecinos que participan en sus actividades.

También quiero agradecer a Ana Quiroz y Nando Dávalos, quienes ayudaron con el trabajo de transcribir las entrevistas para esta investigación. Mi análisis de las entrevistas no hubiera sido posible sin su trabajo prolijo y animoso.

Sabah Ghulamali, de Lexington Books, me contactó en la conferencia de la Latin American Studies Assciation en 2013, donde presenté una ponencia sobre fronteras culturales en San Felipe. Allí discutimos la posibilidad de transformar mi tesis en libro. Gracias a su entusiasmo, paciencia y ayuda, el manuscrito original fue tomando forma y mejorando, hasta finalmente estar en condiciones de pasar por el proceso de evaluación. Brian Hill me guió durante este largo proceso y me ayudó con todo el trabajo cuidadoso que demanda una publicación. Es gracias a ellos que esta investigación tomó su forma actual. También debo agradecer a los evaluadores anónimos que leyeron el proyecto del libro y los capítulos de muestra, y que recomendaron llevar a cabo la publicación. Además debo agradecer a los evaluadores que leyeron el primer borrador del libro. Ambos me dieron comentarios acertados para mejorar y presentar una versión final.

El libro en su versión original fue escrito en inglés, pero mi idioma materno es el español. Aunque mi inglés es bastante bueno para desenvolverme con naturalidad en varias circunstancias, siempre cometo errores, especialmente con las preposiciones y las expresiones idiomáticas. Aunque Lexington Books me ayudó con la corrección de estilo de la versión final del manuscrito, Jaime Joseph leyó y corrigió la versión previa para asegurarse de que estuviera bien escrito y que algunas palabras o frases no pierdan su sentido original al ser traducidas al inglés.

Finalmente, quiero agradecer a mi familia y amigos en Lima, que me recibieron cada año durante mis vacaciones a lo largo de mi carrera, durante el trabajo de campo y ahora que estoy de regreso en Lima. Ellos me apoyaron en todo el proceso, desde el inicio hasta el final. Este libro está dedicado a ellos, con amor y gratitud.

La aparición de este libro en versión en español es posible gracias al apoyo de algunas personas del Instituto de Estudios Peruanos. Tania Vásquez fue quien me sugirió la idea presentar el libro al Fondo Editorial del IEP para su publicación. Por medio de ella conocí a Ludwig Huber, quien acogió el proyecto de publicación del libro. Gracias a él, el IEP hizo las coordinaciones necesarias con Lexintong

Books para hacer posible esta publicación en español. En adelante él se hizo cargo de seguir empujando este proyecto a lo largo de varios meses. Finalmente, Odín del Pozo estuvo a cargo de la coordinación los detalles finales pero importantes en el proceso de edición y publicación.

Introducción

ACERCÁNDOSE A LA CLASE MEDIA LATINOAMERICANA

"San Felipe no es solo un barrio de clase media. San Felipe es en sí mismo un monumento a la clase media".
Presidente de organización local en su discurso
por el 42.º aniversario de San Felipe

En medio del área de expansión formal de Lima, a algunos kilómetros de las áreas en donde se formaron las antiguas barriadas, se encuentra la Residencial San Felipe. San Felipe es considerado por los limeños como un barrio icónico de clase media. Fue inaugurado a mediados de los años sesenta y fue concebido como un proyecto de vivienda auspiciado por el Estado para la clase media: profesionales de los sectores privado y público, y trabajadores de cuello blanco. Siguiendo un diseño funcionalista, San Felipe es un barrio de densidad alta (con 33 edificios de departamentos) y con una gran cantidad de áreas comunes (parques, jardines, veredas, estacionamientos y plazas).

Una mañana, al igual que muchos sanfelipanos, fui a comprar pan y a dar una mirada a los periódicos en el quiosco. De regreso al departamento que estaba alquilando vi a una mujer joven, de unos treinta años, paseando a un perro. Era de piel oscura y de lacio pelo negro amarrado en una cola. Llevaba un pantalón de buzo azul y un polo blanco, similar al clásico uniforme escolar. Mientras caminaba a su lado, el perro empezó a defecar en el jardín del ingreso de uno de los edificios. A mi otro lado, pasaba una mujer de unos setenta años. Llevaba pantalón de vestir, una blusa, saco, anillos y un collar. Su pelo era blanco y su piel clara. Cuando la mujer mayor vio al perro defecando, se acercó a la otra mujer y le gritó (nótese el uso de la segunda persona, "tú"):

> Pero ¿por qué no tienes cuidado con lo que hace tu perro? Ahora vas a dejar el jardín de mi edificio hecho una mugre. ¿Por qué no tienes cuidado? Dios mío.

La mujer joven se intimidó por un momento. Sin embargo, se recompuso y contestó con voz firme y de forma muy articulada (nótese el uso de la segunda persona, "usted"):

> Señora, yo limpio lo que hace mi perro [sacó una bolsa plástica de su bolsillo y se la mostró a la señora mayor]. ¿Quién cree que soy? Soy una persona limpia. Sé que hay gente cochina, pero yo no soy así. Tiene que ver bien antes de estar gritando a la gente.

La señora mayor se sintió sorprendida por un momento. Asumo que no esperaba una respuesta tan firme (y probablemente tampoco el acento limeño marcado) de la mujer más joven. Sin embargo, la señora mayor respondió, esta vez con un acento más moderado:

> Bueno, está bien. Pero tienes que tener cuidado y limpiar bien. Si no, todo va a quedar hecho un desastre.

Y la mujer más joven replicó:

> Señora, ya le dije que yo limpio lo que hace mi perro. No tiene que darme instrucciones o quedarse ahí vigilando lo que hago.

La señora mayor siguió su camino. Aún la escuché diciendo mientras se alejaba: "¡Ufff! ¡Esto es un desastre!". Mientras tanto, la mujer más joven empezó a recoger los excrementos del perro. Todavía se le veía incómoda por el encuentro.

Este áspero episodio ocurrió por una serie de supuestos equivocados de la mujer mayor respecto a quién era la mujer más joven y lo que estaba haciendo. Sobre la base del color de piel, rasgos y forma de vestir, es probable que la mujer mayor asumiera que la mujer más joven era una empleada doméstica y, en consecuencia, una migrante.[1] La mujer mayor dedujo que la mujer más joven era "no educada" (entiéndase descuidada y sucia), y, por consiguiente, que no limpiaría la suciedad del perro. Pensó también que gritar era la forma adecuada de dirigirse a ella, además de sentirse con la autoridad para reclamarle y "corregirla". Por otro lado, la mujer más joven se sintió dañada en su estima, no solo porque fue considerada como una persona no civilizada y sucia, sino también por ser tenida por una persona de menor estatus. Ella tuvo que —como dice Goffman (1959)— "corregir la situación", no solo mostrando la bolsa plástica, sino también respondiéndole, en forma firme y formal, que ella no era el tipo de persona con quien la había confundido.

Situaciones conflictivas como esta dicen mucho sobre las evaluaciones que hacen los sanfelipanos acerca de sus vecinos y los extraños con los que se topan en su vida cotidiana, así como dan cuenta de un proceso mayor que ocurre en Lima: la transformación de la clase media. En este proceso, y en San Felipe en particular,

1. Sobre todo entre los años setenta y ochenta, en Lima, y tradicionalmente en San Felipe, muchas empleadas domésticas eran migrantes y estudiaban en la escuela nocturna. Por ello, a pesar de ser mayores de edad, vestían el buzo escolar.

podemos ver lo que la "clase media tradicional" (en este caso simbolizada por la mujer mayor) y la "nueva clase media" (representada por la mujer más joven) experimentan cuando viven una al lado de la otra. Como puede advertirse en los supuestos detrás de esta situación conflictiva, entre estas dos mujeres existen cuestiones de estatus que van más allá del fenómeno de clase estrictamente.

"Clase media tradicional" y "nueva clase media" no son conceptos propiamente sociológicos, pero son lo que los interaccionistas simbólicos llaman conceptos *folk*, usados por los actores con propósitos prácticos para orientar sus acciones. Por esa propiedad, rescatar conceptos *folk* frente a los conceptos sociológicos tiene la ventaja de permitirnos explorar el mundo social empleando las categorías que utilizan los actores en su vida diaria. Sin embargo, entender el mundo de una forma sociológica demanda que exploremos y analicemos el significado de dichos conceptos *folk*. En este contexto, "clase media tradicional" se refiere al grupo que creció significativamente en tamaño desde los años cincuenta con la expansión de las organizaciones públicas y privadas. Los miembros de esta "clase media tradicional" se definen en cuanto a su ocupación como "empleados" o "profesionales" (es decir, trabajadores no manuales), en relación con su etnicidad como "criollos" o "mestizos" (es decir, no indios, no negros y no cholos) y respecto a su origen como "limeños tradicionales" (es decir, no migrantes indígenas o campesinos). Algunos de estos autodenominados "clase media tradicional" son los primeros residentes que vinieron a San Felipe cuando fue concluida, en los años sesenta. Sin embargo, al igual que la posición de clase media en general, San Felipe está recibiendo nuevos residentes de otras ocupaciones (comerciantes y pequeños empresarios) con trabajos inestables en el sector servicios, muchas veces de origen más popular, y también de origen migrante y con rasgos indígenas más marcados. Los miembros de este grupo nuevo crecieron en barrios que décadas atrás eran informales, pero que ahora son formales, consolidados y en donde actualmente reside una gran cantidad de familias de clase media.

En este libro quiero responder a dos preguntas generales. Primero, ¿cómo (sobre la base de qué) los sanfelipanos (antiguos y nuevos) evalúan a sus vecinos? Para responder a esta pregunta exploro las fronteras simbólicas dentro de las clases medias, es decir, las líneas invisibles que los actores levantan para clasificar a otros y para distinguir entre aquellos que son similares a "nosotros" y aquellos que son diferentes, o "ellos" (Lamont 1992, 2000). Encontré una división bien marcada entre los "sanfelipanos tradicionales" = "clase media tradicional" y los "vecinos nuevos" = "nueva clase media". La forma y la intensidad con la que esta división se enfatiza dependen tanto de la generación como del origen social. La segunda pregunta se refiere a las consecuencias de erigir estas distinciones y usarlas en las relaciones sociales y en la vida cotidiana en el barrio. Esta pregunta me lleva a explorar el traslado de esquemas cognitivos a prácticas e interacciones contextualizadas. La imagen que esbozo sobre la clase media es fracturada, no solo en cuanto a ocupaciones o estilos de vida, sino principalmente en relación con formas de categorización y evaluación de los otros. Aunque espero que el caso de San Felipe pueda decir algo relativamente generalizable sobre las clases medias en Lima, también espero que este caso sea parecido o tenga algunas similitudes con los de otros países de Latinoamérica.

La investigación sobre la clase media latinoamericana

El estudio de la clase media latinoamericana tiene tres variantes principales: la primera influenciada por la tradición del conflicto en sociología, la segunda de una orientación más económica y la tercera, que es una posición más idealista-subjetivista. En general, el estudio de la clase media en Latinoamérica no llamó mayor atención hasta hace poco. En el caso de la tradición del conflicto, la mayoría de los esfuerzos se enfocaban en la relación entre el "sector popular" en sus diferentes encarnaciones (como los pobres, la masa marginal, el proletariado informal, los empresarios informales, el ejército industrial de reserva y otros) y las élites en un contexto dependiente (Portes y Walton 1976; Quijano 1977; Portes 1980; Castells 1974, 1983). Sin embargo, otras investigaciones también mostraron que mientras el sector público se expandía, la clase media crecía en tamaño (Roberts 1995).

La crisis de los años setenta y ochenta, y luego las reformas estructurales, que contrajeron el sector público, contribuyeron a la reducción en tamaño de las clases medias en Latinoamérica. En este contexto, Portes (1980) desarrolló un primer mapa de clases para las sociedades latinoamericanas sobre la base del control de los medios de producción y los medios de poder, incorporando la división formal/informal. Por los mismos años, el economista De Soto (1986) resaltó que dentro del sector informal estaba emergiendo un grupo de empresarios económicamente exitosos. Años después, Portes y Hoffman (2003) actualizaron el mapa de clases y exploraron las formas emergentes de emprendedurismo (algunos informales, otros ilegales). Sin embargo, las clases medias aún no eran consideradas como una categoría importante de estudio, no solo por porque eran un grupo menor, sino también porque el análisis mostraba que las sociedades latinoamericanas estaban en proceso de polarización.

Más recientemente, investigaciones con una orientación economicista han resaltado el aumento en tamaño de la clase media latinoamericana contemporánea. El crecimiento económico sostenido, la expansión del consumo masivo y el acceso al crédito son algunas de las razones que explican la expansión de la clase media latinoamericana. En esta línea de investigación, Franco y colaboradores (2010) establecieron umbrales para delimitar una definición operativa de clase media sobre la base del análisis del ingreso y ocupaciones de la población. De acuerdo con esta definición, en promedio para la región, la clase media creció del 20% al 45% de la población. Sin embargo, Franco y colaboradores señalan que, a partir de la evidencia sobre distintos patrones de consumo, la clase media contemporánea es más heterogénea en cuanto a estilo de vida que en décadas anteriores. Similarmente, en el caso de Perú, Arellano (2010) propone que la clase media se ha expandido. Para este investigador, es mejor diferenciar a los miembros de este gran grupo, en lugar de hacerlo en relación con su ocupación, nivel educativo o ingresos, respecto de sus estilos de vida y patrones de consumo (Arellano 2010, Arellano y Burgos 2010). Estudios más recientes sobre la clase media latinoamericana, esta vez definida sobre la base de su ingreso, señalan que este grupo representa el 40% de la población —o el 70% si incluimos a los no pobres que se encuentran en una posición vulnerable (Lora y Fajardo 2011, Ferreira et ál. 2012).

Aunque la posición economicista es valiosa para la implementación de políticas, quiero señalar que hay dos formas en las que esta aproximación es fallida. Mi primera crítica es que las clases no deberían ser consideradas como capas independientes las unas de las otras. Más precisamente, la aproximación economicista pierde de vista que las clases son agrupaciones relacionales que cobran forma en diferencia, en comparación y en conflicto con otras clases (Weber 1958, 1978; Wright 1985, 1997; Bourdieu 1984; Przeworski 1987). Mi segunda crítica también vale para el estudio de las clases en la tradición del conflicto en América Latina: pierden de vista que clase, como señala Parkin (1979), no es un concepto puro, sino que se fusiona con otras dimensiones de estratificación, como el estatus. El estatus se define como una comunidad de prestigio social (positivo o negativo) u honor con base en un estilo de vida (Weber 1958, 1978). En América Latina, el color de piel ha sido tradicionalmente un indicador del estatus de la persona. Ser de piel clara está normalmente asociado con pertenecer históricamente a un grupo privilegiado; mientras que ser de piel oscura (indígena o negra) está vinculado con ocupar posiciones inferiores en la jerarquía social. Mi punto es que, como en el caso de las dos mujeres enfrentadas, diferencias de estatus (incluso dentro de una misma clase) marcan no solo cómo los individuos serán clasificados y tratados por otros, sino que además pueden afectar sus oportunidades de vida.

En el caso de San Felipe, color de piel, ocupación y otras señales en la apariencia de la persona son generalmente considerados como indicadores claros de su origen social; en este caso, clase media tradicional = limeños tradicionales y nueva clase media = migrantes.

La tercera aproximación al fenómeno de la clase social está representado por el trabajo de historiadores culturales que estudiaron las clases medias latinoamericanas de inicios del siglo XX (Parker 1998, Parker y Walker 2013). Siguiendo el trabajo de E. P. Thompson, estos historiadores se centran en la formación de la clase media como una "idea" (Parker y Walker 2013: 11). Los autores señalan que esta idea de clase media está constantemente en redefinición y reorganización (2013: 18). Es luego de que este discurso se afirma que tiene consecuencias objetivas.[2] Esta línea de investigación posibilita una mejor comprensión de cómo individuos de distintas características (profesiones, estatus e incluso color de piel) pueden congregarse y definirse a sí mismos como miembros de una misma clase. Sin embargo, comprender una clase como una idea tiene el problema de minimizar el hecho de que una clase es también una posición asociada al acceso a ciertos recursos necesarios para mantener un estilo de vida y patrones de consumo de una clase determinada, así como a la definición de las oportunidades de vida de los grupos.

Siguiendo a Bourdieu (1985, 1987), considero tanto la condición objetiva en el espacio social como la evaluación subjetiva de uno y de otros como aspectos importantes en la construcción de una clase. De este modo, exploro los "principios de visión y división" (como los llama Bourdieu) dentro de las clases medias en los ámbitos objetivo y subjetivo. La aproximación bourdiana al concepto de clase tiene otras dos ventajas para el estudio de las sociedades latinoamericanas. Primero, a diferencia de los clásicos estudios de

2. En el caso de Perú, luego de que la idea de clase media se organizó y afirmó en torno a la categoría de "empleado", estos tuvieron la posibilidad de reclamar privilegios y demandar reformas políticas (Parker 1998).

movilidad social intergeneracional (Blau y Duncan 1967, Goldthorpe 1980), no considero al espacio social como una estructura estable de ocupaciones y de estatus a lo largo del tiempo. Procesos de gran escala en la región, especialmente los de migración y explosivo crecimiento urbano, van de la mano con el cambio en la composición y valor de determinados capitales en el espacio social. En el caso peruano, así como en otros países latinoamericanos, el color de la piel es altamente valorado y aún tiene efectos importantes en las oportunidades de vida de los individuos, en particular para las poblaciones históricamente excluidas, como los indígenas y negros.[3] Sin embargo, su relevancia parece estar disminuyendo: no es el color de la piel o etnicidad per se lo que determina mejores oportunidades de vida, sino que es su efecto combinado con niveles educativos más bajos (en años y en calidad), lugar de origen (rural o urbano) e ingresos lo explica el acceso a mejores puestos de trabajo y promociones en el interior de las empresas u organizaciones (Yamada et ál. 2012, Galarza et ál. 2012). De este modo, la incorporación de miembros de la segunda y tercera generación de migrantes en instituciones educativas de nivel superior, en empleos mejor pagados y posiciones laborales, y en posiciones de la clase media son señales de una estructura social más abierta y fluida.[4] Sin embargo, esto no significa que la incorporación de la segunda y tercera generación de migrantes a la clase media ocurra de forma apacible. Como se mencionó, la discriminación existe y tiene efectos en las oportunidades de vida de los individuos. Segundo, los individuos no evalúan a otros y al mundo a su alrededor desde una posición estática. Por el contario, a lo largo de sus vidas, estos siguen una trayectoria en el espacio social. Por trayectoria me refiero a las posiciones sucesivas que un individuo o grupo ocupa en un campo cultural específico o

3. Para una comparación de países latinoamericanos véase Atal et ál. 2009; para el caso de Perú, Thorp y Paredes 2011 y Galarza 2012.

4. Véase Telles 2006 y Da Silva y Rais 2011 para el caso de Brasil; Gray Molina et ál. 2010 para el de Bolivia y Arellano 2010 para el caso de Perú.

en el espacio social en general a lo largo de su biografía (Bourdieu 1987, 1993). Esto implica no solo que los individuos cambian de posición en el espacio social y ven y evalúan el mundo desde esta, sino también que reacomodan sus esquemas cognitivos y evaluativos a lo largo de su trayectoria.

En este libro, por motivos metodológicos, parto de una definición mínima y objetiva de clase media para delimitar mi objeto de estudio. Para elaborar el concepto de clase sigo a Bourdieu, quien menciona que un primer paso para identificar grupos y clases es construir el espacio social o un mapa de posiciones sobre la base de la distribución de capitales clave que generan ventajas para algunos y que pueden ser traducidos en diferencias y desigualdades entre grupos (Bourdieu 1984, 1985, 1987).[5] Grupos y clases, desde este punto de vista, son aglomeraciones de individuos que están ubicados en posiciones similares en el espacio social, esto es, que poseen capitales similares y que probablemente tengan experiencias de vida, comportamientos, puntos de vista y disposiciones similares; es decir, desarrollan un *habitus de clase* similar.[6] Desde un punto de vista de clases estrictamente, estas son aglomeraciones objetivas de posiciones ocupacionales. Es decir, las clases medias son individuos (y sus familias) que son 1) profesionales (dependientes o independientes), 2) trabajadores de cuello blanco (públicos o privados), 3) empresarios o 4) individuos jubilados que pertenecieron a alguna de estas categorías. La mayoría de los residentes de San Felipe, y entre ellos todas las personas que entrevisté durante el trabajo de campo para este estudio, pertenecen a alguna de estas categorías (véase Apéndice 2).

Sin embargo, como se mencionó, clase no es un concepto puro. Clase y estatus se combinan y ubican a los individuos en posiciones distintas en el espacio social. Sin embargo, como sugiere este estudio,

---

5. Véase Savage et ál. 1992 y Bennett et ál. 2009.

6. Se entiende por *habitus* a las predisposiciones a la acción generadas por la incorporación de reglas del campo en donde se encuentra el actor y su posición dentro de dicho campo. Véase Bourdieu 1990, 2000 y Bourdieu y Wacquant 1992.

la base sobre la cual se define el estatus no es estable y cambia de una situación en donde el color de la piel era un marcador principal a una nueva, en donde el color de la piel tiene un efecto, pero la educación y posición económica ganan importancia. De forma similar, el espacio social y las posiciones de clase en él no son estáticos, sino dinámicos: los individuos y grupos cambian su posición en el espacio social mientras algunos capitales (como el color de piel y la educación) disminuyen o aumentan su valor. Aquí es donde lo que llamo una "perspectiva relacional y fluida" permite una mejor comprensión de las clases medias contemporáneas. Hasta este punto sabemos que las posiciones sociales —en donde ocupación, etnicidad y género son elementos constitutivos— forman esquemas cognitivos (Lamont 1992, 2000) y *habitus* de clase (Bourdieu 1984, Bennett et ál. 2009). Sin embargo, y esta es mi contribución principal, no todo está determinado por la posición social. En este libro muestro que el contexto en el que los individuos se socializan y trazan sus trayectorias sociales tiene un impacto importante en la forma como definen la relevancia y contenido de las fronteras simbólicas y, en consecuencia, en la manera como evalúan a otros y actúan frente a ellos.[7]

Aproximándose a San Felipe y las clases medias

Todas las ciudades latinoamericanas tienen dos áreas bien definidas (Griffin y Ford 1983, Sabatini 2003). Una es el área de crecimiento formal con uno de sus vértices en el centro de la ciudad, y que se expande en una dirección hacia la periferia. Esta área creció

---

7. Aunque Bourdieu menciona de forma explícita que la trayectoria tiene un impacto en la formación del *habitus* de clase, mucha de la investigación en la formación de dicho *habitus* de clase es sincrónica. De forma general, elementos relacionados a una posición estática en el espacio social (como ocupación, raza o etnicidad o lugar de residencia) han sido considerados como centrales (i. e., Bourdieu 1984; MacLeod 2009; Lamont 1992, 2000; Laureau 2003; Bennett et ál. 2009), mientras que la relevancia y efecto de la trayectoria personal o grupal han sido generalmente obviados.

principalmente por el éxodo de las élites a espacios cada vez más distantes para evitar las externalidades negativas de la vida en las zonas más densas de la ciudad (como la contaminación, el crimen, el tráfico, etc.) y para separarse espacialmente de los más pobres. La segunda es un área de crecimiento informal (por invasión de terrenos, reubicaciones, barriadas asistidas por el Estado y otros factores), la cual se expandió desde el centro hacia todas las otras direcciones de la ciudad. Esta área creció de forma gradual, incluyendo espacios cada vez más lejanos con la llegada de olas sucesivas de migrantes y más adelante a causa del crecimiento vegetativo de la población de la ciudad.

San Felipe está ubicado en el medio del área de crecimiento formal de Lima, en el icónico distrito de clase media de Jesús María. Inaugurado a mediados de los años sesenta, fue concebido como un proyecto de vivienda para familias de clase media promovido por el Estado. Su diseño funcionalista, con 33 edificios de departamentos (aproximadamente 1800 departamentos familiares), así como su tecnología de punta para la época (arquitectura antisísmica, ascensores, ductos de basura, áreas de estacionamiento y parques y plazas), representaban un ideal de orden y civilidad que contrastaba con las áreas informales de migrantes que proliferaban en el resto de la ciudad, estas últimas estigmatizadas como "no planificadas" o "desorganizadas".

San Felipe como caso

Mi primer contacto con San Felipe ocurrió como vecino del barrio. Mis padres eran parte de la primera generación de familias jóvenes que se establecieron allí en los años sesenta. Yo crecí allí, jugué con otros niños de mi edad y asistí al colegio local. Fui un chico como otros del barrio hasta que terminé la secundaria. Como en el caso de muchos otros jóvenes de mi generación, mi relación con San Felipe cambió cuando entré a la universidad. De repente empecé a estar menos tiempo en San Felipe mientras pasaba más horas con amigos de la universidad y de otras partes de Lima. Luego, al mismo tiempo que entré a un programa doctoral en los Estados Unidos (en 2008), mi familia se mudó a otro distrito en Lima. Sin embargo, cada año que volvía a Lima durante mis vacaciones, continué visitando a algunos de mis antiguos amigos y vecinos que aún viven en San Felipe.

De este modo, soy tanto alguien de dentro como de fuera de San Felipe. Como lo desarrollo en el Apéndice 1, esta posición de ser parte me permitió tener un mejor sentido de la historia del barrio, de sus personajes y de sus anécdotas. Igualmente, me fue bastante fácil acercarme a la forma de ver las cosas y las experiencias de varios sanfelipanos. Sin embargo, mi distancia (primero como alguien que se apartó progresivamente de San Felipe y segundo como alguien que vivió los últimos años en otro país) me hizo posible observar eventos y puntos de vista con cierta extrañeza. También creo que mi condición de ser alguien que era pero ya no es un vecino facilitó que muchos de ellos me abrieran sus puertas.

Como afirmaré en el capítulo 1, San Felipe es uno de esos barrios adonde llegaron diferentes grupos de clase media, formando capas sucesivas de vecinos alrededor del núcleo de los vecinos de clase media tradicional. Para ser claros, San Felipe no es un barrio de origen popular cuyos vecinos luego de un proceso de movilidad social ascendente se ubican actualmente en alguna posición de la clase media.[8] Por el contrario, San Felipe es un barrio que originalmente fue construido en el área de expansión formal de la ciudad y creado explícitamente por el Estado para familias de clase media. De este modo, San Felipe es un barrio de la llamada clase media tradicional que hoy recibe a miembros de la llamada nueva clase

8. Este es un fenómeno que han encontrado algunos autores y que empieza a atraer mayor atención de los investigadores. Véase Portocarrero 1998, Desco 2003, Calderón 2005, Joseph et ál. 2005, Arellano 2010, Arellano y Burgos 2010 y Toche 2010.

media. Debo también advertir que a pesar de este cambio de población, este no es un barrio en proceso de deterioro o de mejora.[9] Tampoco es un caso de reproducción de la clase media en un barrio, sino de un barrio desde el cual podemos ver la transformación de la clase media. Es más correcto decir que San Felipe es un barrio en transformación en la medida en que la clase media en sí misma se transforma.

Mi uso de San Felipe como caso tiene dos caras. Por un lado, sigue la lógica del "método del caso extendido" de Burawoy (1998). Burawoy señala que los casos no son importantes porque sean representativos de algo para generalizar a partir de ellos.[10] Por el contrario, los casos, por su irregularidad o unicidad, son importantes no porque falsean una teoría, sino porque nos permiten refinar y reconstruir nuestras teorías.[11] Cada caso —o barrio— es en principio único (aunque algunos sean más excepcionales que otros), pero lo importante para el desarrollo de teorías y para el avance del conocimiento sociológico en general es la comprensión de procesos más grandes que pueden ser observados desde nuestra ubicación particular o caso.[12]

---

9. Estas son las imágenes que imperan entre los estudiosos de la ciudad (tanto de orientación de la Escuela de Chicago como de la economía política urbana) respecto a la transformación de los barrios.

10. Esta es la lógica de estudiar un gueto negro, un enclave étnico o una barriada, para luego generalizar los resultados a otros guetos negros, enclaves étnicos o barriadas similares.

11. Véase Small 2004 y Baiocchi 2005 como ejemplos de esta lógica de investigación.

12. Abbott (1997) plantea la idea sobre la continuidad de la relevancia de la Escuela de Chicago de sociología urbana en el sentido de que los etnógrafos de Chicago tenían una intuitiva pero clara comprensión de los procesos sociales, demográficos, institucionales y espaciales que se mezclaban e interactuaban en los casos que estudiaban. De este modo, sus casos no eran solo estudios del barrio, sino también sobre fenómenos urbanos mayores en un lugar determinado. Precisamente, lo que era importante para los etnógrafos de Chicago no era el barrio particular que estaban estudiando, sino cómo dicho barrio se relacionaba (siempre de una forma particular o única) a procesos urbanos o sociales mayores, así como qué podía decirnos el barrio (como una configuración socioespacial particular) acerca de dichos procesos sociales mayores.

Esta es precisamente la lógica que se encuentra detrás de mi estudio de San Felipe, la de un caso desde el cual explorar las clases medias contemporáneas. El proceso de incorporación de miembros de la segunda o tercera generación de migrantes a la clase media y en barrios de clase media es un fenómeno que se encuentra en la base de la clase media contemporánea, junto a procesos de división y diferenciación en su interior. El grado, visibilidad o intensidad con que estos nuevos miembros de la clase media se integran a San Felipe puede ser mayor o menor (en incluso experimentarse de forma distinta) que en otros barrios en Lima u otras ciudades latinoamericanas. No obstante, San Felipe se presenta como un lugar desde el cual observar esta transformación social mayor. Sin embargo, aunque este es un estudio de caso, sostengo que los vecinos de San Felipe tienen esquemas de categorización y formas de relación entre grupos existentes en otros barrios de clase media en Lima. También espero que, aunque San Felipe no sea representativo de otros barrios de clase media en otras ciudades latinoamericanas, este caso comparta características que puedan ser encontradas en otras ciudades latinoamericanas.

La segunda forma en la que uso San Felipe como caso es como un "laboratorio natural" para observar prácticas e interacciones. A lo que me refiero con esto es que San Felipe no es un lugar construido para hacer experimentos (como un laboratorio real).[13] Por el contrario, San Felipe es un laboratorio natural en el sentido en que ofrece la posibilidad de observar de forma clara y detallada, pero

13. Los laboratorios son lugares artificiales para observar fenómenos "controlados" que pueden ayudar a poner teorías a prueba (Latour y Woolgar 1979, Latour 1987). De este modo, en un laboratorio no observamos las cosas de la forma en que ocurren en el mundo real de forma espontánea. Lo que vemos es el comportamiento de elementos o sustancias que son "purificadas" o "aisladas" artificialmente para facilitar el observar el "mundo real", pero de una forma más "clara" o "pura". Esto significa que lo que observamos en un laboratorio no es lo que ocurre en el mundo real. Los laboratorios son artefactos artificiales creados para facilitar la claridad en la observación y fortalecer explícita e intencionalmente el conocimiento científico.

de forma espontánea y en un escenario real, un conjunto de relaciones sociales que serían más difíciles de apreciar en otros barrios. Para ser más explícitos, San Felipe es excepcional en comparación con otros barrios en la medida en que su arquitectura (edificios de departamentos) y su gran cantidad de espacios comunes (veredas, parques, estacionamientos, plazas, etc.) hacen que sus vecinos tengan mayor exposición y contacto entre ellos. De este modo, en San Felipe es posible observar fenómenos que no serían fáciles de ver o encontrar de forma espontánea en otras áreas de la ciudad.[14]

Fuentes de información

Esta investigación se basa en un trabajo de campo llevado a cabo en San Felipe durante casi todo 2011, tiempo en que viví en San Felipe y me convertí en un vecino curioso. Recogí así información de distinto tipo con la que contrastar y complementar mis argumentos. La mayor parte de esta información recogida es de tipo cualitativa. Mediante la observación participante produje una gran cantidad de notas de campo sobre eventos de la vida diaria, reuniones y otras situaciones que ocurrieron a lo largo de ese año. También realicé 66 entrevistas a vecinos (55 de ellas grabadas, 11 no grabadas) y a otros actores locales importantes. Esta aproximación cualitativa con métodos mixtos me permitió detectar cómo las trayectorias individuales influyen en las estructuras mentales (en este caso,

---

14. Puedo imaginar otros lugares en donde podríamos ver interacciones entre individuos o grupos de forma "natural" o "espontánea". Uno es, claro está, el espacio público, pero en él las interacciones son básicamente entre extraños y de poca intensidad o con escaso compromiso entre las partes. Otro caso sería cualquier barrio heterogéneo, pero nuevamente la vida urbana contemporánea (por la desconexión entre lugar de residencia y de trabajo, la gran capacidad de movilización —facilitada por los automóviles—, la ubicación de sitios de entretenimiento lejos del lugar de residencia y el grado en que los residentes interactúan con sus vecinos) inhibe la interacción entre vecinos (Wellman 1979; Fischer 1982, 1995). Otra posibilidad sería crear experimentos controlados o grupos focales, pero nuevamente las interacciones y relaciones que observaríamos no serían espontáneas.

fronteras simbólicas), así como darme cuenta de la brecha que existe entre el discurso y las respuestas que las personas me daban al ser entrevistados y sus prácticas cotidianas. Este cisma entre discurso y práctica ocurría no porque las personas mintieran o fueran inconsistentes, sino porque el contexto inhibe o fomenta determinadas prácticas, pero también porque las personas son selectivas en lo que dicen o hacen bajo ciertas circunstancias.

También pude conseguir información longitudinal del censo (1982, 1993 y 2007) para la ciudad de Lima, para el distrito de Jesús María, para San Felipe y para todos sus edificios (cada uno considerado como una manzana de acuerdo con el Instituto Nacional de Estadística e Informática, INEI). Finalmente, tuve acceso a varios de los documentos internos de algunos edificios de San Felipe (las actas de sus reuniones y sus libros de contabilidad) y a una voluminosa cantidad de documentos, fotografías y artículos de periódicos y revistas que los vecinos de San Felipe me prestaron generosamente. Esta información cualitativa e histórica me permitió tener una mejor idea sobre los procesos que afectan al barrio, así como un sentido del contexto en el cual estaba haciendo mi investigación.

Entrevistas

Entrevisté a un total de 66 vecinos de San Felipe de distintas edades, sexos, trayectorias y tiempo viviendo en San Felipe para conocer una gran variedad de puntos de vista y experiencias en el barrio. Contacté a los entrevistados por un sistema de bola de nieve; esto es, pidiendo a los vecinos que me presenten a otros vecinos a quienes pudiera entrevistar. Sin embargo, en el proceso, dirigí la selección de entrevistados para aprehender esta varianza. De estas 66 entrevistas, 55 fueron grabadas y 11 no.[15] Solo usé las 55 entrevistas grabadas para el análisis sistemático y las comparaciones;

---

15. Estos 11 vecinos me pidieron no grabar su entrevista, pero me autorizaron a tomar notas.

las otras 11 fueron transformadas en notas de campo y empleadas como información complementaria.

Para evitar sesgos, decidí no entrevistar a amigos cercanos que viven en San Felipe, a no ser que lo hicieran en alguno de los edificios que escogí para el análisis más en profundidad. En la mayoría de los casos tuve una o dos conversaciones previas con los candidatos a ser entrevistados antes de realizar la entrevista. En estas conversaciones les expliqué el propósito de mi investigación, contesté sus preguntas y les permití conocerme un poco más antes de acordar la entrevista. Esperaba que este acercamiento me brindara mejor información que la que puede obtener, por ejemplo, un investigador que toca la puerta y procede a hacer la entrevista, o alguien que envía una carta formal o *e-mail* para solicitarla.

Todos los entrevistados fueron invitados a firmar un consentimiento informado,[16] y les consulté si me autorizarían grabar la entrevista. En esta entrevista les pregunté sobre sus biografías y cómo llegaron a San Felipe (capítulo 2), acerca de cómo evaluaban a sus vecinos de acuerdo con varias dimensiones (capítulo 3) y en relación con sus interacciones en el parque y las áreas comunes de San Felipe (capítulo 4).

Además, pedí a los entrevistados llenar una ficha de información general sobre su sexo, edad, nivel educativo, ocupación, tiempo viviendo en San Felipe, si eran dueños o inquilinos de sus departamentos, el número de personas en sus hogares, autoidentificación racial, autoidentificación de clase, lugar de nacimiento y lugar de nacimiento de sus padres. Cada una de estas fichas recibió un código que usé para identificar la grabación digital y el documento de transcripción de la entrevista. Luego cambié dichos códigos por pseudónimos para proteger la identidad de los entrevistados. Cuando asigné nombres nuevos a los entrevistados, intenté conservar las

16. Solo uno de los entrevistados no quiso firmar el consentimiento informado, pero me dio consentimiento oral para grabar la entrevista.

connotaciones asociadas con sus apellidos originales (i. e., extranjero, aristocrático o de origen andino), así como con sus nombres de pila (muchas veces vinculados con la edad de los entrevistados).

Todas estas entrevistas fueron estructuradas, es decir, los vecinos contestaron básicamente a las mismas preguntas. Para construir las trayectorias de los entrevistados, les pregunté por su lugar de origen, las distintas esferas (barrio, escuela, universidad, trabajo) en las que se socializaron a lo largo de sus vidas y cómo y por qué llegaron a San Felipe. Cuando las entrevistas fueron transcritas y analizadas, fue fácil encontrar patrones comunes en estas trayectorias, las cuales desarrollo en los próximos capítulos.

El procedimiento para analizar las fronteras simbólicas es diferente. Las personas familiarizadas con el trabajo de Lamont (1992, 2000) encontrarán que mi aproximación a este tema está bastante influenciada por su trabajo. Sin embargo, mi procedimiento para identificar la relevancia de estas fronteras es un poco distinto. Lamont pedía a sus entrevistados describir "el tipo de personas con las que se sienten a gusto" y "el tipo de personas con las que no", para luego elaborar y profundizar en las fronteras simbólicas que las personas construían. Yo intenté un procedimiento más estandarizado. Durante mi trabajo exploratorio en San Felipe (seis meses antes del año de trabajo de campo), identifiqué seis fronteras que aparecían como relevantes para los vecinos: color de piel o raza, clase social, antigüedad en el barrio (vecino antiguo o vecino nuevo), generación o edad, educación y moral. Para cada una de estas fronteras elaboré seis preguntas para medir su relevancia en las relaciones con sus vecinos. Cada vecino fue clasificado de acuerdo con la relevancia (fuerte, mediana y débil) que asignaban a cada una de estas fronteras. El contexto de la entrevista también me permitió explorar un poco más en las respuestas de los entrevistados. De este modo, pedí a los entrevistados que desarrollen sus respuestas para entender a qué se referían con ser de determinada "clase", de cierta "raza", ser "moral" y ser "educado"; y también que explicaran cómo ser de determinada clase, raza, educación, generación, etc., hace que las personas sean distintas.

Entrevistar personas en un barrio específico, a diferencia de hacer entrevistas a una muestra de individuos de clase media dispersos por la ciudad, tiene la ventaja de dejarme preguntar directamente por experiencias concretas con otros vecinos y no con otros individuos de clase media en forma abstracta. Al referirme a las características de los otros, mis entrevistados mencionaron experiencias concretas con sus vecinos e incluso identificaron a algunos en particular en sus edificios como ejemplo para dar base a sus opiniones. Como se mencionó más arriba, uno de los objetivos de esta investigación es explorar el efecto de las fronteras simbólicas en las relaciones sociales. Esto me lleva al siguiente elemento metodológico de esta investigación: la observación participante.

Observación participante

La observación participante me permitió contrastar la información recogida en las entrevistas con interacciones en el mundo concreto, es decir, en la práctica cotidiana. El objetivo principal de este componente etnográfico de la investigación era seguir las interacciones cotidianas y relaciones sociales de mis entrevistados y de otros vecinos de San Felipe. Al explorar las relaciones sociales en la Residencial pude observar cómo las fronteras delineadas en las entrevistas se activaban, desactivaban y se negociaban. Además, mediante la observación participante, volví donde mis entrevistados y otras personas con las que tuve conversaciones informales para entender sus acciones, su pasividad ante ciertas circunstancias o aquellos comportamientos inconsistentes con lo mencionado en las entrevistas. Este procedimiento me facilitó revisar la esperada coherencia entre discurso y práctica, pero también entender el rol del contexto y su influencia en la conducta de los actores.

Durante este año de trabajo de campo, alquilé una habitación en un edificio durante seis meses, y luego me mudé a otra habitación en otro edificio por los otros seis meses. Vivir en San Felipe me dio una experiencia de primera mano sobre la vida en el barrio actualmente. Vivir en dos edificios distintos me brindó distintos puntos de vista socioespaciales acerca de San Felipe, pero también acceder a más redes de vecinos y de relaciones en el barrio.

A lo largo de ese tiempo en San Felipe, realicé la mayoría de mis actividades cotidianas en el barrio, como comprar pan en las mañanas, correr, hacer compras en las tiendas y en el supermercado local, ir a la peluquería, comprar el periódico y comer en restaurantes locales. Llevar a cabo estas actividades en San Felipe era otra forma importante de conocer a más vecinos de San Felipe y de interactuar y conversar continuamente con ellos. Vivir en San Felipe me permitió estar rápidamente en el lugar cuando acontecimientos repentinos (como accidentes, robos, conflictos entre vecinos, reuniones de emergencia entre ellos, protestas contra el alcalde, etc.) ocurrían. De este modo, me fue fácil estar en el lugar de los acontecimientos, observar y tomar notas.

El trabajar con métodos cualitativos por un periodo largo de tiempo también hizo posible que mejorara mi aproximación teórica durante la investigación; más precisamente, pude reorientar mi atención hacia ciertos temas no considerados en el proyecto de investigación original, así como encontrar piezas del rompecabezas de los que no fui consciente hasta empezar el proceso de análisis y sistematización de los resultados. Si el objetivo de la sociología es otorgar sentido al mundo que nos rodea de una forma sistemática y coherente (a pesar de la cacofonía existente en él), la etnografía como método paciente y meticuloso de hacer investigación tiene la ventaja de construir, desconstruir y reconstruir continuamente el diseño de investigación, los conceptos a usar y la información a recoger necesaria hasta armar una representación adecuada de lo observado. Igualmente, la observación participante por un periodo prolongado posibilita al investigador explorar los conceptos *folk* que usan los actores para organizar y discurrir en sus vidas cotidianas.

El tiempo prolongado en el campo también permite al investigador ser más abierto a los significados y comprensiones que los actores dan a ciertos fenómenos que pueden ser contraintuitivos para un investigador que no invierte mucho tiempo en el campo.

Esquema del libro

La historia que cuento en este libro es sobre un barrio de clase media latinoamericano, la Residencial San Felipe, en Lima, Perú. A través de este caso quiero no solo mapear los distintos grupos que conforman esta gran categoría llamada clase media, sino también explorar sus relaciones sociales en la vida cotidiana. Este estudio se encuentra en el contexto de un gran proceso de asimilación de migrantes de segunda o tercera generación a posiciones de clase media y ocupación de sus barrios. En esta investigación pongo énfasis en la idea de que los grupos se definen en relación con otros, y que la fluidez está estructurada en la forma de patrones regulares que comparten grupos de individuos. En esta interacción, posiciones y trayectorias están en la base de las fronteras simbólicas erigidas por los individuos de clase media.

En los primeros capítulos de este libro sigo a los residentes de San Felipe en los principales aspectos que afectan su identidad social y en el proceso de formación de grupos. En el capítulo 1 uso San Felipe como una ventana para mostrar cómo ha cambiado el espacio social en las últimas décadas. La asimilación a las clases medias por parte de segundas y terceras generaciones de migrantes es una de las grandes transformaciones de este grupo mayor. Luego de esbozar este escenario, en el capítulo 2 muestro las diferentes trayectorias que siguieron personas de distintos orígenes y que finalmente convergen en San Felipe, siendo este un lugar específico en el espacio urbano y social. En teoría, estos dos elementos (converger en una misma clase y en un mismo lugar geográfico) son elementos importantes para la formación de grupos y de clases. Sin embargo, en el capítulo 3 muestro que los distintos puntos de origen (en el tiempo y en el espacio) en el espacio social y las distintas trayectorias que siguen los individuos tienen un efecto en la forma como evalúan a otros. Se construyen así fronteras simbólicas, de forma más acentuada en el caso de los vecinos mayores, para marcar distinciones entre individuos. Estas fronteras dentro de la clase media y en el mismo barrio pueden ser tan fuertes que hacen que los individuos consideren a algunos de sus vecinos no solo como diferentes y en algunos casos inferiores, sino además incluso como un peligro para el orden moral del barrio. El último capítulo trata el problema de tener que vivir en este mundo diverso de la clase media. Observo espacios comunes en San Felipe para explorar las relaciones cotidianas y la dificultad de mantener el orden en el barrio. Los grupos en San Felipe tienen discursos distintos sobre cómo debería ser el uso de los espacios comunes y lo que consideran "buen comportamiento en público". A veces estos discursos y sus prácticas son fuente de conflicto cotidiano. De este modo, las tensiones que aparecen en el parque central de San Felipe son una buena ventana a través de la cual explorar las ansiedades y los discursos en conflicto en el interior de la clase media contemporánea respecto a cómo deberían ser el parque, el barrio y la clase media en general. Finalmente, en las conclusiones reflexiono sobre las fronteras que atraviesan a las clases medias y el efecto que tiene el envejecimiento de la población en el barrio de clase media tradicional.

Capítulo 1

SAN FELIPE Y LA TRANSFORMACIÓN DEL ESPACIO SOCIAL Y URBANO

Este capítulo esboza los cambios mayores en la composición del espacio social, esto es, cómo algunos capitales han cambiado su valor (unos se devalúan, otros se aprecian) a lo largo de las décadas. Actualmente los capitales más valorados están disponibles no solo para las personas que tradicionalmente han ocupado posiciones dominantes. Este cambio estructural ha abierto la posibilidad de construcción de una estructura social más fluida, con la consecuente movilidad social ascendente de algunos individuos cuyos padres ocuparon posiciones inferiores.

En este capítulo también quiero defender la idea de que San Felipe *era* y aún *es* un barrio típico de clase media en Lima. San Felipe *era* un barrio típico de clase media en el sentido en que estaba poblado principalmente por limeños de clase media tradicional; esto es, trabajadores de cuello blanco y profesionales que se definían como "limeños tradicionales". Sin embargo, luego de los cambios señalados en la composición del espacio social, San Felipe *es* aún un barrio típico de clase media en el sentido en que el barrio no ha permanecido ajeno a los cambios de la sociedad mayor: luego de décadas de migración interna continua, movilidad social y transformaciones en la economía, la clase media contemporánea está compuesta no solo por limeños tradicionales y profesionales o trabajadores de cuello blanco, sino que también ha incorporado a personas de ocupaciones diferentes (incluyendo a personas que se dedican a actividades empresariales y comerciales, así como con horarios flexibles y dos o tres trabajos simultáneos) y a aquellas provenientes de distritos antes considerados populares, incluyendo migrantes de segunda y tercera generación. Los vecinos actuales de San Felipe son de clase media, pero esta clase media es similar a la nueva y más heterogénea clase media de Lima.

Espacio social-urbano y clase media tradicional limeña

El color de piel ha sido un componente central en la definición de la estructura social peruana (Quijano 1980, Nugent 1992, Portocarrero 2007). Ello sigue siendo cierto principalmente para las posiciones en la cima de la estructura (ocupada sobre todo por familias blancas) y en su base (ocupada mayormente por familias indígenas y negras). Sin embargo, en Perú como en otros países latinoamericanos, el mestizaje racial ha sido recurrente desde el periodo colonial. Luego, desde la independencia, el mestizaje fue asimilado como parte del discurso nacionalista fundacional (Mallon 1995, Telles 2006). Sin embargo, en el Perú, la ideología del mestizaje no se materializó en una forma oficial institucional (De la Cadena 2004). En consecuencia, aunque las diferencias de color de piel no se cuajaron en "categorías raciales sólidas",[1] el color de piel es aún importante en las clasificaciones e interacciones cotidianas (Nugent 1992, Bruce 2007). De hecho, la discriminación por color de piel

---

1. Por ejemplo, las categorías raciales fueron eliminadas del censo y de otras fuentes estatales de recojo de información hacia mediados del siglo XX.

predomina en los interacambios diarios y rara vez es penalizada de forma institucional.

En la vida cotidiana, las personas se categorizan mutuamente usando una jerarquía de tonos de piel en donde los más blancos se encuentran en la cima del prestigio, los indígenas y negros ocupan las posiciones inferiores, y en medio se ubica toda la gama de mestizos de acuerdo con su grado de blancura. Tradicionalmente, el privilegio y el estatus se mantenían por medio de estrategias familiares de exclusión para monopolizar recursos clave (en las esferas política,[2] económica[3] y social[4]) que garantizaban la preservación de posiciones. Sin embargo, las fronteras de color piel eran, y continúan siendo, altamente porosas, y permiten a algunos individuos relativizar sus posiciones de acuerdo con el color de piel ("blanquearse") en la medida en que sus recursos económicos y culturales aumentan.

En el periodo colonial y hasta el final del siglo XIX, las ciudades latinoamericanas se mantuvieron relativamente pequeñas. Durante este lapso, en Lima, los grupos sociales vivían unos al lado de otros e interactuaban cotidianamente en la ciudad (Flores Galindo 1991, Panfichi 1995). Sin embargo, en Latinoamérica en general, hacia el final del siglo XIX, empezaron a gestarse grandes procesos de modernización, migración y urbanización. Luego de un largo

---

2. López (1997) señala cómo el derecho a voto (para aquellos que podían leer y escribir, normalmente la élite blanca) ha sido durante décadas el principal mecanismo a través del cual las élites reproducían el monopolio de posiciones en el aparato del Estado. Actualmente, siendo el voto universal, la población indígena y los pobres en general participan en la política, tanto por medio del voto como más recientemente en el Congreso, a través de líderes indígenas o populares.

3. Thorp y Paredes (2011) muestran cómo la desventaja económica de la población indígena se originó en un diferenciado impulso al crecimiento económico a escala regional (regiones masivamente habitadas por población indígena quedaron así excluidas del desarrollo económico y social) y en la provisión de educación de baja calidad.

4. Bourricaud (1967) y Burga y Flores Galindo (1981) muestran cómo el matrimonio intragrupal servía como mecanismo de exclusión, que evitaba que individuos de otros grupos tengan acceso a recursos y posiciones de poder.

periodo de depresión económica, algunos recursos naturales (algodón, azúcar y cobre, entre otros) cobraron valor en el mercado internacional. La exportación de estos recursos naturales no solo generó algunos trabajos manuales y de oficina, sino que atrajo una primera gran ola de migrantes provenientes de ciudades de provincia y (en algunos países más que en otros) de migrantes internacionales (Hardoy 1975).

El capital internacional (principalmente británico y norteamericano) y los Estados-nación buscaron mejorar las condiciones materiales para facilitar la exportación de recursos naturales. Con este objetivo en mente, facilitaron la expansión del mercado a través de la creación de bancos, compañías de seguros y puertos, así como impulsaron la construcción de infraestructura para facilitar la comunicación entre las ciudades y la circulación de mercancías (Hardoy 1975, Quijano 1977). De modo similar, la burocracia estatal empezó a crecer, así como lo hicieron los comercios locales. Es en este punto en el que las clases medias iniciaron su crecimiento en tamaño de forma significativa, incluyendo a profesionales, trabajadores de cuello blanco, trabajadores de oficina en el sector público y privado, así como la pequeña y mediana burguesía (Portes y Walton 1976, Roberts 1995). Con el incremento de estas ocupaciones, el salario y las credenciales educativas se convirtieron en recursos de clase.

Sin embargo, la aparición de criterios de mercado (ocupaciones e ingresos) en la antigua estructura social no debilitó la bien establecida jerarquía de color. El historiador David Parker (1995, 1998) retrata a la sociedad peruana de inicios del siglo XX, basada en elementos tradicionales como el color de piel y el lugar de origen, combinados con nuevos elementos económicos. El color de piel (o grado de blancura) estaba asociado a ciertos nichos ocupacionales y a una jerarquía de honor y decencia. En este contexto, a pesar de encontrarse en pobreza objetiva, algunos símbolos de estatus[5]

5. Definido por Goffman como "[...] medios especializados para mostrar la posición propia" que son usados tanto por la persona que los emplea como por la

(como poseer apellidos extranjeros, ejercer un trabajo no manual, usar un traje o tener empleados domésticos y llevar un estilo de vida particular, como ir a determinados cafés, ser miembros de determinados clubs y ser invitado a determinados eventos) permitían a las personas definirse a sí mismas como "gente decente" y para marcar diferencias con otras "personas vulgares": sin educación, de color más oscuro (de apariencia indígena o negra) y dedicadas a trabajos manuales.

Pero hasta este punto la idea de lo que significaba ser de clase media todavía no se encontraba del todo organizada. Dado que el estatus contaba más que la clase per se, la verdadera brecha era la definida entre la gente "decente" o "respetable" y los que no lo eran. Parker menciona que es para 1919 cuando los *empleados* se reconocen a sí mismos como la encarnación de la categoría mayor "clase media". Comenzaron así a sindicalizarse y a usar un vocabulario de clase para consolidarse como grupo y exigir derecho a determinados privilegios. En el proceso de convertirse en una clase, la categoría de *empleado* se volvió aglutinante, que unía a una gran cantidad de personas distintas en una categoría única. Las demandas de los empleados incluían el acceso a determinados privilegios que los distinguía de la clase trabajadora y de otros trabajadores informales, quienes empezaban a proliferar en Lima. Sin embargo, a pesar de usar un lenguaje de clase, las demandas de los empleados tenían una base estamental, enfocadas en proteger su estilo de vida y su sentido de honor. Como menciona Parker:

> No era realmente un asunto de que los empleados ganaran más que los obreros, ni un asunto de que el trabajador de oficina tuviera que gastar su dinero en un traje limpio y una corbata mientras a un chofer se le proveía de un uniforme y que el trabajador de fábrica podía usar un overol barato. La diferencia, en esta formulación, era más

---

que los interpreta como "[...] señales que le confieren el estatus que se le debe imputar y la forma en que otros deben tratarla" (1951: 254. Traducción mía).

> profunda: era un asunto de esencia. Un empleado necesitaba residir en una vivienda respetable, mientras que un obrero podía vivir en cualquier lugar. Un empleado necesitaba cenar en un restaurante adecuado, mientras que un obrero podía comer donde sea. Un empleado necesitaba mantener una "vida activa de relaciones sociales", mientras que el obrero podía hacer lo que le plazca. Los empleados eran simplemente distintos, y no había nada que pudieran hacer al respecto. (1998: 76. Traducción mía)

Detrás de estas diferencias "esenciales" existían algunos supuestos sobre la vida que un empleado debía tener: los empleados tenían que cuidar su apariencia, tenían que ser educados, tenían que asistir a determinados eventos que correspondían a su posición (como ir al teatro, a restaurantes y cafés), tenían que enviar a sus hijos a escuelas apropiadas y de ser posible a la universidad para convertirse en profesionales, y también, muy importante, sus esposas no deberían trabajar. La cristalización de estas demandas llegó hacia inicios de los años veinte, con leyes que los proveían de compensaciones salariales adicionales, vacaciones de verano y programas de alivio frente al desempleo. Pero el mundo que dio nacimiento a la floreciente clase media empezó a cambiar hacia los años treinta, cuando las ciudades latinoamericanas comienzan a crecer en población y en tamaño, a la par que las organizaciones (públicas y privadas) también (Roberts 1995).

Para los años cuarenta, las ciudades latinoamericanas a crecieron de forma explosiva (véase cuadro 1.1) dadas las mejoras en las condiciones de salud que hicieron que la tasa de natalidad se mantuviera alta mientras que la de mortalidad disminuía. En las áreas rurales, el crecimiento de la población trajo más presión sobre la tierra, trayendo como consecuencia que los campesinos (en los países andinos, la población indígena) se vieran forzados a migrar. Simultáneamente, la industrialización y la expansión de los servicios públicos en las ciudades capitales atrajeron a población en búsqueda de mejores oportunidades de vida.

Cuadro 1.1
CIUDADES MÁS GRANDES DE AMÉRICA LATINA: POBLACIÓN 1950-1990

CIUDAD	1950	1960	1970	1980	1990
Bogotá	647.429	1.682.667	2.892.668	4.122.978	4.851.000
Buenos Aires	4.622.959	6.739.045	8.314.341	9.723.966	10.886.163
Caracas	683.659	1.346.708	2.174.759	2.641.844	2.989.601
Lima	645.172	1.845.910	3.302.523	4.608.010	6.422.875
Ciudad de México	3.145.351	5.173.549	8.900.513	13.811.946	15.047.685
Río de Janeiro	2.885.165	4.392.067	6.685.703	8.619.559	9.600.528
Santiago	1.509.169	2.133.252	2.871.060	3.937.277	4.676.174
São Paulo	2.333.346	4.005.631	7.866.659	12.183.634	15.183.612

Fuente: Villa y Rodríguez 1995.

En Perú, como en otros países con una gran población indígena, la migración y la urbanización facilitaron una primera etapa en la dislocación de la asociación entre clase y color de piel (Bourricaud 1967, Quijano 1980). La población indígena rural, la cual tradicionalmente estaba anclada a la posición de campesinos, migró a las ciudades, y al hacerlo tendieron el camino hacia grandes cambios en la estructura social para las próximas décadas (Matos Mar 1977, Quijano 1980). En el caso de Perú, el actor que representaba mejor estos cambios era el *cholo*. De modo general, el término "cholo" se refiere a la población indígena de origen rural que migró a las ciudades, que entró al mercado de trabajo por medio de empleos informales (típicamente en transporte, comercio o construcción) y que adoptó algunos elementos de la cultura dominante (como hablar español, la lectura y escritura, así como la vestimenta). Pero la adopción de estos bienes de la cultura dominante por parte de los cholos no fue aceptada pasivamente por los limeños tradicionales.

De hecho, el término "cholo" empezó a ser usado de una forma despectiva para resaltar el menor estatus de estos individuos.

Pero la migración a las ciudades también significó la inserción al mercado de trabajo, y con ello a una estructura de clases y la posibilidad de movilidad social. Este no fue un proceso fácil: por un lado, en países con niveles moderados de industrialización (como Perú, Bolivia, Colombia y Ecuador), los migrantes no pudieron incorporarse al mercado formal y formar una clase obrera significativa. Por el contrario, muchos migrantes crearon sus propios trabajos informales como forma de sobrevivencia, normalmente en condiciones muy precarias. Por otro lado, países con mayores niveles de industrialización (como Argentina, Brasil y Uruguay) desarrollaron una clase obrera más significativa y una identidad de clase más consistente, aunque el trabajo informal también era significativo (Roberts y Portes 2005). Empero, lo que era común a las ciudades capitales latinoamericanas fue que el mercado de vivienda existente no fue capaz de asimilar a la gran cantidad de migrantes que buscaban un lugar para vivir. Los migrantes iniciaron así la invasión de las áreas periféricas de las ciudades, formando las barriadas o asentamientos informales. La invasión de tierra y la autoconstrucción se convirtieron, a lo largo de las décadas, en la principal forma por la cual los migrantes encontraron acceso a la vivienda.[6] En las décadas siguientes, la migración y la invasión de terrenos fueron las fuerzas principales detrás del crecimiento urbano (Portes y Walton 1976, Kasarda y Crenshaw 1991, Roberts 1995, Gilbert 1998).

---

6. El grado en que las ciudades latinoamericanas crecieron por mecanismos informales (invasión de tierras y reubicaciones, entre otros) es difícil de medir. Normalmente, la variable usada para definir una barriada o asentamiento humano es el tipo de propiedad (invadida, en posesión u otros similares). Sin embargo, muchos asentamientos humanos, luego de un largo proceso de negociaciones con el Estado, han alcanzado un estatus legal y títulos de propiedad. No se consideran más asentamientos humanos, sino barrios formales. En el caso de Lima, estimaciones sobre la importancia de la urbanización informal señalan que más de la mitad (56%) de la población vive en viviendas de origen informal (Calderón 2005).

Durante las siguientes décadas, las ciudades latinoamericanas crecieron siguiendo un patrón común sintetizado por Griffin y Ford (1983) y Sabatini (2003). La primera ola de migrantes que llegaron durante esta primera etapa de urbanización se ubicó en las zonas alrededor del centro de la ciudad, y cada nueva ola de migrantes formó un siguiente anillo en áreas cada vez más distantes. De modo inverso al modelo clásico de invasión y sucesión formulado por la Escuela de Chicago para las ciudades norteamericanas, en las urbes latinoamericanas la mayor distancia en relación con el centro de la ciudad significaban tanto una migración más reciente como niveles mayores de pobreza, mientras que la proximidad al centro se asociaba con un mayor nivel de consolidación y mejores condiciones de vida.

Pero de forma paralela a este proceso de urbanización informal, también se creó un área de urbanización formal. En esta área las élites se situaban en lugares cada vez más lejanos, seguidas en su camino primero por las clases medias y luego por la clase trabajadora. En el caso de Lima, las élites se desplazaron hacia el sureste de la ciudad, primero a distritos cerca del centro de la ciudad como Magdalena, Miraflores y Jesús María, y luego a distritos más hacia el sur, como San Borja y La Molina. En este proceso, las áreas dejadas por las élites fueron ocupadas por las clases medias y luego por las clases trabajadoras.

Para los limeños tradicionales, el número creciente de migrantes (o cholos) y de invasiones eran fenómenos preocupantes (Nugent 1992, Portocarrero 2007).[7] De acuerdo con los limeños tradicionales, los cholos y las barriadas hacían que la ciudad crezca de forma desordenada y fuera de control. Ambos hacían que la ciudad sea sucia, peligrosa, fea, y quizás de forma más importante, eran señales de la crisis de una era, la de la Lima tradicional. De esta forma,

7. Un discurso similar es encontrado por Caldeira (2000) en São Paulo, en referencia al incremento de la migración de nordestinos, generalmente población *prieta* (negra) y *parda* (mulata).

los cholos no estaban en su lugar (en los Andes), sino en Lima. Los cholos también eran considerados como incivilizados, y no reconocían jerarquías sociales "naturales". Aun así, algunos empezaron a tener cierto éxito económico en sus empresas. De forma similar, otros comenzaron a acumular alguna riqueza y a asimilarse a espacios (barrios, escuelas y lugares de consumo o entretenimiento) antes exclusivos para los limeños tradicionales. Más adelante, algunos cholos (ahora la segunda o tercera generación de migrantes) se asimilaron a la clase media.

Pero también el mercado de trabajo comenzó a cambiar y a alterar el valor y composición de los capitales (económico, cultural y social) necesarios para poder ubicarse en posiciones de clase media. En este punto, el principal cambio fue el incremento de tamaño y en complejidad de las organizaciones desde los años cincuenta: el aparato del Estado, las empresas y las corporaciones. Parker (1998) menciona que con el crecimiento de la dimensión de las organizaciones, muchas de las actividades no manuales que ejercían los empleados se volvieron bastante estandarizadas y demandaron solo habilidades básicas (como leer y escribir, mecanografiar, conducir y otras). Sin embargo, en los años siguientes, el cambio de escala de las operaciones de las organizaciones exigió nuevas habilidades que podían ser adquiridas luego de un tiempo por medio de la profesionalización (principalmente a través de educación técnica o universitaria). Más precisamente, el crecimiento de las organizaciones trajo consigo el incremento de la importancia de los recursos culturales (educación profesional técnica o universitaria), que se convirtieron en el medio legítimo para acceder a posiciones intermedias en estas organizaciones. Aunque los grupos de color más claro continuaron monopolizando el acceso a las posiciones más altas en las organizaciones, la educación (pública o privada) abrió una nueva puerta para la movilidad social de algunos migrantes de segunda generación cuyas familias tenían los recursos económicos para permitir su acceso a estas credenciales educativas. El efecto de este cambio sería más visible para los años ochenta.

Hacia los años cincuenta, nuevos partidos políticos progresistas incluyeron en sus proyectos la importancia de modernizar la sociedad peruana y el representar los intereses de los grupos de clase media. De esta forma, estabilidad y beneficios laborales, seguridad social pública y fondos de pensión de retiro empezaron a beneficiar a la clase media y luego a la clase trabajadora formal. Y es para el inicio de los años sesenta que el joven arquitecto Fernando Belaunde fue elegido presidente de la República. Y precisamente, como parte de su proyecto de modernización, la clase media tenía un rol central y privilegiado. Como arquitecto, tenía así en mente crear proyectos masivos de vivienda para la clase media.

San Felipe en sus orígenes: un barrio de clase media tradicional

El gobierno de Belaunde es recordado, entre otras cosas, por su énfasis en la construcción de infraestructura (grandes hospitales, plantas eléctricas, avenidas en la ciudad y carreteras nacionales que conectaban ciudades secundarias), así como por sus esfuerzos masivos en la construcción de proyectos de vivienda para las clases medias y trabajadoras. Durante su primer año como presidente, creó la Junta Nacional de Vivienda, la cual entregó las unidades vecinales de Matute, Mirones y Rímac para la clase trabajadora en áreas industriales de Lima. Sin embargo, sus proyectos de vivienda más recordados son los dirigidos para la clase media, como la Residencial Santa Cruz (en San Isidro) y la Residencial San Felipe (en Jesús María); este último el proyecto de vivienda más grande y ambicioso de su gobierno.[8]

Aunque Lima crecía principalmente por la aparición de barriadas en la periferia de la ciudad, Belaunde no solo no prestó mucha atención a dicho sector, sino que privilegió los proyectos para la

---

8. Para una referencia más detallada sobre el plan arquitectónico de San Felipe, sus edificios y departamentos, véase Córdova 2008.

clase media (Driant 1991, Zapata 1995). Pero más allá de la prioridad dada a la clase media en cuanto a vivienda, existía también un discurso sobre cómo la sociedad debía ser: San Felipe fue concebido como un símbolo de modernidad, racionalidad y virtud cívica, en contraste con la falta de planificación, desorganización social y otros vicios asociados a los migrantes y las barriadas que proliferaban en la periferia de la ciudad. Además, el promocionar este proyecto como icónicamente de clase media permitía a sus residentes el identificarse como tales.[9] Como veremos más adelante, San Felipe como un conjunto residencial encajaba perfectamente con los ideales y aspiraciones de los empleados profesionales que formaban la clase media: sobriedad, orden y limpieza (véase foto 1.1).

Los departamentos de San Felipe fueron ofrecidos a empleados de oficina y trabajadores profesionales. Dichos departamentos eran módulos estandarizados diseñados para la familia funcional de clase media de los años sesenta; esto es, un cabeza de familia, que era un trabajador profesional o empleado; su esposa, que comúnmente era ama de casa o empleada no manual (generalmente secretaria, recepcionista, profesora o enfermera), y dos o tres hijos. Los departamentos también incluían un cuarto de servicio, dado que era normal para una familia de clase media el contar con una empleada del hogar (generalmente migrante) con cama adentro.[10] Los edificios también contaban con amplios espacios de estacionamiento,

---

9. En este punto regreso a lo señalado por Bourdieu respecto a la importancia del Estado en "nombrar" y "producir" una clase (1985, 1987). Nuevamente, clase no es solo una posición en el espacio social (una clase objetiva), sino que las clases necesitan existir a un nivel subjetivo para volverse clases "prácticas" o "reales". Al clasificar a una multitud de individuos como "clase media", el Estado también reconoce y legitima a los ojos de estos y de otros individuos quiénes son los miembros de esta categoría y quiénes no. Véase también Boltanski 1987 y Przeworski 1987.

10. El trabajo doméstico y otros trabajos no calificados eran y sigue siendo relativamente baratos en América Latina, y ha sido una práctica común de las clases medias y altas el contar con trabajadores domésticos que viven en la casa (cama adentro).

Foto 1.1
VISTA DE LA RESIDENCIAL SAN FELIPE

Foto: Omar Pereyra.

asumiendo que las familias tendrían uno o dos autos. Como un proyecto público de vivienda, el Estado facilitaría el crédito a las familias que calificaran y luego serían elegidos por lotería para que después puedan pagar sus departamentos en montos moderados durante un tiempo razonable (entre diez y veinte años).

Como se mencionó más arriba, la clase media en este periodo era concebida básicamente como una combinación de clase y estatus. En San Felipe, la marca principal de membresía de la clase media era la posesión de credenciales profesionales que permitían un ingreso y estatus superior al de los sectores populares. El ingreso de las familias de clase media les alcanzaba para cubrir sus necesidades básicas, tener una vida relativamente cómoda y poseer símbolos de estatus (como propiedad de una vivienda, automóvil, electrodomésticos, trajes y enviar a sus hijos a escuelas y universidades privadas). Sin embargo, este ingreso no les permitía tener un estilo de vida exuberante como el de las clases altas. Generalmente, el ingreso de la cabeza de la familia era suficiente para solventar estos gastos y estilo de vida sin experimentar penurias.

El color de piel era también una marca de estatus importante. Aunque no existen datos que registren la composición por color de San Felipe en sus orígenes, los vecinos mayores de San Felipe consideran que el barrio actualmente es más diverso que en sus orígenes, refiriéndose con ello a que los vecinos más nuevos son "más oscuros", "migrantes" o de "origen más popular". Entre mis entrevistados, los miembros de la primera generación/cohorte de sanfelipanos se consideran a sí mismos como "mestizos", de "raza peruana", "criollos" o "blancos". Sin embargo, a pesar de este uso ambiguo de categorías relacionadas al color de piel, en San Felipe, así como en Lima en general, diferencias pequeñas de color siempre han sido señaladas como diferencias de estatus, y en algunos casos como causa de hostilidad cotidiana.[11]

Los primeros vecinos de San Felipe recuerdan que había pequeñas diferencias de color y de ingresos en el barrio desde sus orígenes. Sin embargo, la pertenencia a una generación y clase (sobre

---

11. Como se mencionó anteriormente, los altos niveles de mestizaje en Perú dificultan hacer distinciones por el color o raza, si bien generan mucha ansiedad de estatus. En un escenario tan ambiguo, Nugent (1992) y Portocarrero (2007) sugieren que en las interacciones en la vida cotidiana el color de piel es una marca predominante (una *master category*, siguiendo a Goffman), que es generalmente resaltada y comparada entre las partes en la interacción para así establecer su posición social y estatus. Sin embargo, el color de piel es también contextual: un mismo individuo puede ser considerado como blanco en su barrio y como cholo en su trabajo. De este modo, el color de piel es un atributo bastante difuso, y los grupos de color o raciales no existen de forma objetiva (salvo en los polos extremos de la estructura social). En consecuencia, el racismo y la discriminación no son exactamente una relación entre grupos (como en Blumer 1958), sino que configuran una confrontación compleja y constante en las interacciones entre individuos. Portocarrero (2007) sugiere llamar a este modelo "racismo individualizado".

la base de la ocupación e ingresos) eran y siguen siendo señaladas como fuentes de similitud. A esto debemos agregar que vivir en San Felipe en sí mismo era también un marcador importante que igualaba a sus residentes en la categoría de "típica clase media". A pesar de las diferencias de color y estatus, todos los vecinos de San Felipe viven en departamentos similares. En ese sentido, ser vecino de San Felipe (como un lugar específico de la ciudad) es considerado como una marca igualadora de clase.

San Felipe estaba habitado en los años setenta por familias jóvenes de clase media. Esta semejanza generacional permitió a estos vecinos desarrollar un sentido de barrio:[12] padres jóvenes con la experiencia de tener hijos y que conversaban y aconsejaban sobre cómo criarlos; chicos que crecieron juntos jugando en el parque y que luego fueron a fiestas juntos, y que tomaron unas cervezas y fumaban al lado de alguna tienda. De este modo, San Felipe, como un espacio definido por relaciones de barrio estables, era también un lugar (en el sistema de clases y en el entorno urbano) desde donde estas familias observaban, discutían y formaban una comprensión compartida sobre procesos sociales mayores, como el crecimiento de la ciudad, la migración, la crisis económica y política de los ochenta, y el crecimiento económico de inicios del siglo XX.

San Felipe y la heterogeneización de la clase media

Investigaciones reciente sobre la clase media latinoamericana muestran que esta ha crecido en tamaño, a la vez que se ha vuelto

---

12. Siguiendo a De Certeau et ál. (1998), sugiero que barrio (en el sentido objetivo y práctico del término) no es un conglomerado de población homogénea (por clase, etnicidad o estilo de vida). Aunque una característica o rasgo común entre los residentes facilita la identificación de un barrio, la dimensión de la vida cotidiana también produce esta comunalidad expresada en prácticas cotidianas que permiten "dominar el espacio público" (1998: 9. Traducción mía). De modo similar, el barrio y la vida de barrio están estrechamente relacionados con las interacciones repetidas con otros que también dominan este ambiente específico, así como con las experiencias comunes, los recuerdos y los símbolos (Cohen 1985).

más heterogénea (Franco et ál. 2010). Del mismo modo que he sostenido que San Felipe ha sido un barrio típico de clase media, quiero sugerir que San Felipe continúa siendo un buen lugar para estudiar esta clase media contemporánea y, en consecuencia, los grupos en su interior. De este modo, San Felipe es un caso que permite explorar cómo la clase media tradicional experimenta su transformación. Como veremos más adelante, el crecimiento y heterogeneización de la clase media implica un gran proceso de movilidad social donde algunos individuos de origen pobre (muchos de ellos de segunda o tercera generación de migrantes) se han vuelto parte de la clase media contemporánea.[13]

En línea con el trabajo de Savage et ál. (1992) sobre la transformación de la clase media en Inglaterra, en esta sección quiero esbozar cómo el cambio de valor de ciertos capitales o recursos (el aumento de valor de *recursos culturales* en la forma de certificados educativos sirven para ocupar la posición de profesionales u otros trabajos calificados, mientras que el color de piel como marcador de estatus mantiene importancia, pero pierde valor) ha transformado la estructura del espacio social. Esta transformación no significa que el color de piel no continúe estando relacionado al acceso a determinada educación, a determinados trabajos y en consecuencia a determinadas condiciones de vida, particularmente en el caso de grupos históricamente excluidos (Thorp y Paredes 2011, Galarza 2012). Sin embargo, el color de piel o etnicidad gradualmente pierde su importancia como un elemento central al definir las oportunidades de vida de los individuos (Arellano 2010, Galarza 2012).

---

13. Estudios de casos en barrios antiguos en el Cono Norte o Sur de Lima serían adecuados para explorar este proceso y las experiencias de sus habitantes. San Felipe, por el contrario, es el caso de un barrio de clase media tradicional donde esta experimenta este proceso de heterogeneización puesto en marcha por la presencia de los vecinos nuevos, y un caso también acerca de cómo estos nuevos vecinos evalúan a la clase media tradicional.

Para analizar estas transformaciones en el espacio social tenemos que ver la estructura ocupacional o, más precisamente, a las clases entendidas como "grupos" o "aglomeraciones" de individuos con acceso diferencial a recursos clave que confieren poder. Los cambios en la estructura del trabajo son importantes en este contexto. Siguiendo a Portes y Hoffman (2003), las principales tendencias de la estructura social latinoamericana son el que hecho de que el número de trabajadores formales de la clase trabajadora y en el sector público haya disminuido de forma dramática, mientras que categorías relacionadas con el sector servicios (principalmente pequeños empresarios) haya crecido, y que la brecha de ingresos entre los ricos y pobres haya aumentado. Pero, como se mencionó, esto no significa que las sociedades latinoamericanas se hayan polarizado en dos grandes sectores. Por el contrario, como mencionan Franco et ál. (2010), en los últimos años, la clase media ha crecido en tamaño y en su capacidad de crédito, además de que se ha diversificado internamente en cuanto a sus hábitos de consumo y estilos de vida.

Desafortunadamente, los censos peruanos no ofrecen información desagregada que nos permita identificar "grupos" de clase. Tenemos, sin embargo, información longitudinal sobre grandes conglomerados ocupacionales. El cuadro 1.2 muestra que en Lima, luego de la industrialización, la clase obrera decreció de 28,20% en 1981 a 15,68% en 2007, mientras que ocupaciones asociadas con la economía de servicios han crecido en tamaño, principalmente por medio del aumento de trabajos independientes (de 20,66% a 32,33%). Debemos advertir que la principal limitación de esta información es que no hace una distinción entre trabajos formales e informales, que, como hemos visto, establece una gran diferencia en cuanto a ingresos y beneficios. De forma similar, la categoría "empleado" incluye tanto a trabajadores en el sector público como privado, y congrega a una gran cantidad de trabajadores de distintas calificaciones. Aun así, el cuadro 1.2 muestra claramente que los empleados y trabajadores independientes (que, con las

Cuadro 1.2

Estructura ocupacional: Lima, Jesús María y San Felipe, 1981, 1993 y 2007

	Ciudad de Lima			**Jesús María**			**San Felipe**		
Categoría ocupacional	1981	1993	2007	1981	1993	2007	1981	1993	2007
Clase trabajadora	28,20	21,63	15,68	26,13	4,43	2,40	n. d.	2,96	0,86
Empleado	38,95	41,85	43,14	43,90	64,96	67,63	n. d.	61,79	67,81
Independiente	20,66	24,06	32,33	20,48	14,26	21,32	n. d.	12,62	20,12
Empleador/patrón	1,85	3,41	2,11	1,44	5,62	2,86	n. d.	6,46	4,07
Trabajador familiar no remunerado	0,64	3,62	2,15	0,50	2,15	1,18	n. d.	2,35	0,86
Trabajador del hogar	6,58	5,42	4,58	3,97	8,57	4,61	n. d.	11,00	6,28
Otro no especificado	3,11	0,00	0,00	3,58	0,00	0,00	n. d.	2,81	0,00
Total (%)	100,00	100,00	100,00	100,00	100,00	100,00		100,00	100,00
Total (N) (2)	1.484.868	2.247.717	3.634.416	33.156	27.528	30.193	n. d.	2599	2212

Información no disponible por manzana para el censo de 1981.
Incluye solo personas mayores de 15 años, trabajando o buscando trabajo.
Fuente: INEI, Censos nacionales 1981, 1993 y 2007.

advertencias mencionadas, pueden ser considerados como clase media) no solo conforman la mayoría de la población de Jesús María y de San Felipe, sino que estas dos categorías han aumentado significativamente en importancia, alcanzando a comprender a 88% de los sanfelipanos. En estos términos, San Felipe es aún un barrio de clase media. Adicionalmente, mi lista de entrevistados, aunque no estadísticamente representativa, también muestra una diversificación de ocupaciones y de regímenes de empleo. Entre mis entrevistados, los sanfelipanos mayores eran (o aún son) principalmente empleados calificados de oficina o profesionales independientes; pero entre los sanfelipanos más jóvenes podemos también encontrar consultores, comerciantes y empresarios (véase Apéndice 2). De modo similar, muchos no tienen empleos estables, sino contratos de corta duración, y muchos otros no poseen un solo trabajo y un horario regular estable, sino que tienen dos o más trabajos simultáneos. Considerando estas diferencias dentro de estos grandes grupos ocupacionales, es mejor referirme a ellos como "clases medias" (en plural).

Pero como se mencionó, las diferencias de clase no lo son todo respecto de la estratificación en la vida cotidiana en San Felipe. Si Perú fuera una sociedad estratificada estrictamente en clases, en San Felipe todos sus vecinos se identificarían a sí mismos y a sus vecinos como pares de clase media. Así, podrían existir diferencias de estatus asociadas a credenciales educativas, grados profesionales o ingresos; pero, como veremos más adelante, en San Felipe la brecha principal es la que aparece en entre vecinos "tradicionales" o "antiguos" y vecinos "nuevos". Esto puede sonar similar al estudio clásico sobre diferencias de estatus en Winston Parva (Inglaterra) de Elias y Scotson (1994); sin embargo, en San Felipe la división entre vecinos antiguos y nuevos se basa no solo en el tiempo de residencia en el barrio, sino que esta frontera está asociada a percepciones de "autenticidad" sobre la base del origen social de los individuos, que está relacionado, para algunos vecinos más que para otros, con el color de piel.[14] Los vecinos nuevos en San Felipe encarnan un proceso de movilidad social y residencial de segunda o tercera generación de migrantes que ha llevado a este grupo a incorporarse a diferentes esferas de socialización (ocupaciones, colegios y lugares de residencia) antes monopolizados por la clase media tradicional.

En este aspecto, el cambio más importante en la transformación de la estructura social y urbana de Lima es el debilitamiento de la asociación entre pobreza y migración (Pereyra 2006, Arellano 2010). La relevancia de la migración para la urbanización de Lima en las últimas décadas es tal que los migrantes (especialmente de segunda o tercera generación) actualmente viven en todos los distritos de Lima y pueden ser encontrados en todos los niveles socioeconómicos, y actualmente viven codo a codo con los "limeños tradicionales". A partir de una encuesta representativa, Arellano y Burgos (2010) encuentran que actualmente solo el 12,7% residentes de Lima son limeños tradicionales (nacidos en Lima cuyos padres y abuelos también nacieron en Lima), mientras que 36,2% son migrantes de primera generación (nacidos en lugares fuera de Lima), 43,5% lo son de segunda generación de migrantes (nacidos en Lima con padres y abuelos nacidos fuera de Lima) y 7,6% lo son de tercera generación de migrantes (nacidos en Lima con padres nacidos en Lima y abuelos nacidos fuera de Lima). Como resultado, Lima es actualmente una ciudad básicamente de migrantes. "Limeños puros" o "tradicionales" (nacidos en Lima, con padres y abuelos nacidos en Lima) son de hecho una minoría en todas las áreas de Lima. Siguiendo esta tendencia, el cuadro 1.3 muestra que todas las áreas de Lima están pobladas principalmente por migrantes (primera, segunda y

14. Méndez también encuentra que la clase media chilena establece una fuerte frontera en el interior de la clase sobre la base de "discursos de autenticidad" (2008, 2010). De este modo, los discursos de autenticidad de las clases medias chilenas están conectados a una distinción cultural basadas en estéticas europeas, norteamericanas o vernaculares. Aunque es bastante posible que el origen social (con base en el color de piel) también sea una marca importante de estatus en Chile, dicho elemento no aparece en sus entrevistas.

Cuadro 1.3
MIGRACIÓN POR ÁREAS EN LIMA, 2010 (%)

LUGAR DE ORIGEN / MIGRACIÓN	LIMA TOTAL	CONO NORTE	CONO SUR	CONO ESTE	LIMA CENTRAL	CALLAO
Limeños tradicionales	12,7	5,5	7,2	5,5	21,9	22,9
Primera generación de migrantes	7,6	5,3	5,4	11,2	7,5	11,4
Segunda generación de migrantes	43,5	46,9	46,9	41,9	42,6	35,2
Tercera generación de migrantes	36,2	42,3	40,5	41,4	27,8	30,5

Fuente: Arellano y Burgos 2010.

tercera generación). Sin embargo, es cierto que la presencia de "limeños tradicionales" es más alta en "Lima Central (área a la que he llamado "área de crecimiento formal", en donde se ubica San Felipe). Aun así, lo que quiero resaltar aquí es que la presencia de migrantes (primera y segunda generación) en el área de crecimiento formal de la ciudad es básicamente similar que la de los conos de Lima.

Desafortunadamente, la información longitudinal del censo no brinda información sobre el lugar de nacimiento de los padres o abuelos de los encuestados. Sin embargo, el censo registra que el porcentaje de población nacida en Lima y fuera de ella es prácticamente el mismo para la ciudad, para Jesús María y para San Felipe, y este porcentaje no ha experimentado mayor variación en las últimas décadas: las personas nacidas en Lima son aproximadamente el 65% en Lima, en Jesús María y en San Felipe; mientras el otro 35% son migrantes (de primera generación). Sin embargo, la migración de la zona andina (donde el porcentaje de población indígena es más alto) es un poco más alta en Lima que en Jesús María y que en San Felipe (aproximadamente el 23% vs. el 19%); mientras que Jesús María y San Felipe tienen un porcentaje más alto de migración costeña (generalmente, población de color más clara que la población indígena) que en el resto de Lima (cerca del 11% vs. el 8%).

¿Por qué hay un porcentaje tan alto migrantes de primera generación (que generalmente se asume que son de origen andino o indígena y además pobre) en un barrio de clase media como San Felipe? Parte de la respuesta puede encontrarse en el proceso de movilidad social ascendente de la población migrante en las últimas décadas. Sin embargo, y quizás de modo más importante, mis entrevistas sugieren que los vecinos mayores de San Felipe son también migrantes (en términos censales), pero de otro tipo. De hecho se refieren a sí mismos como "provincianos" como una forma de resaltar diferencias con los "migrantes". Entre mis entrevistados, de los ocho que son fundadores de San Felipe (primera generación/sanfelipanos tradicionales, ahora entre setenta y ochenta años), cuatro nacieron en Lima, mientras que los otros cuatro son migrantes de primera generación, y de los cuatro nacidos en Lima ninguno tiene ambos padres nacidos en Lima. Aunque la información del censo no permite hacer una generalización para Lima, es plausible sugerir que el origen migrante siempre ha sido una característica de la clase media tradicional, como es el caso de los vecinos tradicionales de San Felipe. Sin embargo, sugiero que, en el caso de San Felipe, este origen migrante es de distinto tipo y sigue una trayectoria distinta que la de migrantes pobres indígenas que poblaron masivamente la ciudad desde los años cuarenta, y que se volvió masivo desde los años sesenta (véase capítulo 2). Los sanfelipanos tradicionales son migrantes (y diré que del mismo color de piel que otros migrantes), pero a diferencia de la mayoría de migrantes que se asentaron en las periferias de la ciudad, los sanfelipanos tradicionales vienen de familias de clase media de otras áreas urbanas o semiurbanas del Perú, generalmente de la costa del Perú. Por ese origen, sus familias se han "desindigenizado" y se han "blanqueado" social y culturalmente a lo largo de las generaciones.

Regresando a Lima, luego de décadas de migración y asimilación, un segmento significativo de la segunda y tercera generación de migrantes experimenta un proceso de movilidad social, se ha asimilado a posiciones de clase media y ha alcanzado un nivel socioeconómico medio.[15] Dos estrategias paralelas explican este proceso. Primero, el fenómeno más observado por los investigadores es que algunos migrantes, por medio de empresas familiares, lograron un determinado éxito en algunas ramas económicas, como el comercio, servicios y manufactura. Mientras sus actividades se expandieron, su ingresos crecieron (véase De Soto 1986, Adams y Valdivia 1991, Arellano 2010). Pero también, en segundo lugar, algunas familias migrantes invirtieron en educación técnica o universitaria para sus hijos (Sulmont y Valcárcel 1991, Arellano 2010). De este modo, el aumento de ingresos permitió a estos jóvenes tener acceso a las mismas instituciones educativas a las que asistían los jóvenes de clase media tradicional; luego, estas instituciones educativas les dieron acceso a puestos de trabajo de clase media en el mercado laboral. Dadas estas estrategias paralelas (a veces combinadas en algunas familias), hoy es posible encontrar algunas aglomeraciones de población de nivel socioeconómico medio en áreas de la ciudad antes informales y caracterizadas por la pobreza (Joseph et ál. 2005, Pereyra 2006, Arellano 2010). Como resultado, actualmente, la categoría nivel socioeconómico medio incluye tanto a limeños tradicionales como a algunas familias de migrantes (de primera, segunda o tercera generación).

Como se mencionó, es difícil medir objetivamente el grado en que Lima y San Felipe han experimentado cambios en su composición según el color de piel de sus residentes. El censo peruano, al igual que otras encuestas, no incluye la variable color de piel o raza. Aunque está bastante estudiado que el color de piel más oscura (vinculado a categorías como indígena o negro) está asociado a

15. Véase también Portocarrero 1998, Joseph et ál. 2005, Arellano 2010 y Arellano y Burgos 2010.

la pobreza y exclusión (Thorp y Paredes 2011, Galarza 2012), también se ha encontrado que todos los estratos sociales son a su vez más mestizos (Arellano 2010, Arellano y Burgos 2010, Kogan et ál. 2012). También se comprueba que la sociedad peruana es hoy más meritocrática que en décadas anteriores, dado que la educación es ahora la variable que explica con mayor fuerza las diferencias de ingresos (Yamada et ál. 2012). Sin embargo, grupos de élite (blanco y mestizo) tienen acceso a educación de mejor calidad que la población indígena, y en consecuencia a trabajos mejor pagados (Thorp y Paredes 2011, Galarza et ál. 2012, Kogan et ál. 2012). En suma, estudios históricos y cualitativos señalan que el color de piel es aún un elemento asociado al estatus, valor y belleza (Nugent 1992, Parker 1998, Portocarrero 2007). De modo similar, se ha encontrado que personas de piel clara y de origen español o extranjero (encarnado en apellidos) permiten el acceso a trabajos de mayor prestigio, y en consecuencia a mejores salarios (Yamada et ál. 2012, Kogan et ál. 2012). En conclusión, el color de piel, o más precisamente el tener rasgos o características indígenas (como color de piel más oscuro, origen rural, apellido indígena, hablar quechua o español, pero no con acento limeño), aún parece estar asociado con la pobreza, bajo capital humano, menores oportunidades en el mercado laboral y —lo más importante para este estudio— la posibilidad de experimentar discriminación y ser considerado como de inferior estatus.

Considerando la información sobre el lugar de origen de los sanfelipanos, es bastante probable que el barrio haya sido muy diverso en cuanto a color desde sus orígenes (esto es, con vecinos con distintos tonos de piel) y que la discriminación por ese motivo haya permeado la vida cotidiana del barrio. Sin embargo, lo que sí encontré de forma consistente durante el trabajo de campo y en entrevistas es, primero, que la mayoría de vecinos de San Felipe se consideran a sí mismos como mestizos; segundo, que varios "vecinos tradicionales" (jóvenes y mayores), pero particularmente las mujeres, consideran que los vecinos más nuevos son de "menor valor" (refiriéndose con ello a personas con rasgos cholos, de color de piel más oscura y costumbres o aptitudes "incivilizadas"); tercero, que los vecinos jóvenes de San Felipe (tanto los que crecieron en San Felipe como los vecinos nuevos) le otorgan menos importancia al color de piel que los vecinos mayores, y se consideran a sí mismos y a todos los demás como mestizos; y cuarto, que muchos vecinos nuevos han visto o señalan haber experimentado discriminación asociada al color de piel o lugar de origen por parte de los vecinos mayores. Esto indica que los vecinos antiguos de San Felipe (particularmente los mayores) no solo se consideran a sí mismos como más "decentes" y más "civilizados" en comparación con sus vecinos nuevos, sino también como de piel más clara.

Otra fuente de transformación social es el cambio de la estructura etaria de Lima, la cual se experimenta de modo más dramático en San Felipe que en cualquier otro barrio (véase cuadro 1.4). Enfocándonos en Jesús María y en San Felipe, tres grandes procesos deben ser resaltados. Primero, aunque el peso relativo de la población joven ha decrecido, esta continúa siendo un sector importante (cerca del 14% de la población es menor de 15 años). En parte, esto se explica porque las familias contemporáneas tienen menos hijos que en décadas anteriores, pero también, en el caso de San Felipe, porque hay muchas familias mayores cuyos hijos han crecido y han dejado la casa de sus padres. Segundo, el número de jóvenes (entre 15 y 24 años) también ha decrecido. Tercero, la población adulta (de 25 a 64 años) está aumentando, particularmente los mayores dentro de este grupo. Y finalmente, y este es el cambio más dramático, aunque la población en edad de retiro (de 65 años a más) está aumentando en Lima en general, esto sucede de forma más acentuada en San Felipe (cerca del 20% de su población). Esto ocurre por el envejecimiento de los vecinos pioneros: ya van más de 40 años desde la inauguración de San Felipe, y la primera generación de sanfelipanos tienen actualmente más de setenta años. Por lo demás, el visible envejecimiento

Cuadro 1.4

ESTRUCTURA ETARIA: LIMA, JESÚS MARÍA Y SAN FELIPE, 1981, 1993 Y 2007

	Ciudad de Lima			Jesús María			San Felipe		
Edad	1981	1993	2007	1981	1993	2007	1981[1]	1993	2007
De 0 a 4 años	10,51	8,71	8,42	9,34	7,43	5,08	n. d.	5,61	3,75
De 5 a 9 años	12,97	10,60	8,05	10,14	8,81	5,07	n. d.	5,99	4,74
De 10 a 14 años	11,73	10,49	8,73	9,87	9,07	5,60	n. d.	6,06	4,58
De 15 a 19 años	11,73	11,47	9,42	11,93	10,67	7,55	n. d.	10,13	7,10
De 20 a 24 años	11,56	11,17	9,95	12,73	10,90	8,50	n. d.	10,66	7,43
De 25 a 29 años	9,30	9,41	9,34	9,75	9,48	8,56	n. d.	8,28	7,87
De 30 a 34 años	7,27	8,12	8,63	7,26	8,31	8,17	n. d.	7,86	6,26
De 35 a 39 años	5,62	6,83	7,46	5,24	7,06	7,26	n. d.	6,97	6,62
De 40 a 44 años	4,55	5,57	6,51	5,24	5,76	6,68	n. d.	6,87	6,58
De 45 a 49 años	3,75	4,32	5,43	4,15	4,61	6,26	n. d.	5,98	5,58
De 50 a 54 años	3,27	3,47	4,77	4,19	4,05	6,51	n. d.	4,79	6,28
De 55 a 59 años	2,37	2,75	3,67	2,57	3,53	5,38	n. d.	4,33	5,78
De 60 a 64 años	1,77	2,41	2,89	2,17	3,34	4,54	n. d.	4,74	5,80
De 65 a 84 años	3,30	4,28	6,04	4,97	6,42	12,42	n. d.	10,41	19,06
De 85 a más años	0,31	0,40	0,69	0,44	0,57	2,40	n. d.	1,31	2,57
Total (%)	**100,00**	**100,00**	**100,00**	**100,00**	**100,00**	**100,00**		**100,00**	**100,00**
Total (N)	4.604.014	6.345.856	8.472.935	82.252	65.557	66.171	n. d.	5723	4983

Información no disponible por manzana para el censo de 1981.

Fuente: INEI, Censos nacionales 1981, 1993 y 2007.

de la población de los distritos tradicionales de clase media como Jesús María ha traído consigo a la jubilación como una fuente nueva de disminución de los ingresos de esta clase media tradicional.[16]

El ingreso de las mujeres al mercado de trabajo es otra fuente de desigualdad de ingreso entre las familias mayores y las más jóvenes de San Felipe. Las mujeres mayores de familias antiguas de San Felipe, en general, tienen niveles de educación formal bajos en comparación con las mujeres más jóvenes, y sus trabajos más frecuentes fueron costura, venta de joyas y perfumes, y enfermería. Las mujeres de la segunda cohorte de sanfelipanos (aquellas entre 55 y 65 años) son parte de una generación cuyos niveles educativos formales eran más altos (muchas veces profesionales), pero no solo ganaban menos que sus esposos, sino que además se esperaba que trabajaran menos horas o que abandonaran su trabajo de ser necesario para poder atender las necesidades de sus familias. Finalmente, las mujeres más jóvenes tienen niveles educativos formales similares a los de sus esposos, y en algunos casos trabajan menos horas que sus esposos, pero se espera que trabajen al mismo tiempo que atiendan a sus familias. La consecuencia de este modelo es que, a pesar de que todas sean parte de la clase media, las familias más jóvenes tienen mayores ingresos, pues ambos padres trabajan y consiguen ingresos. Pero también, y esto incluye a las mujeres de familias nuevas en San Felipe, las mujeres más jóvenes tienen credenciales educativas y carreras profesionales que las mujeres mayores no poseen. Los adultos-mayores, pero principalmente las mujeres adultas-mayores,

16. Envejecimiento y jubilación son fuentes importantes de empobrecimiento objetivo. En países con sistemas de bienestar precarios como Perú, la jubilación reduce drásticamente el nivel de ingresos de las personas. Una pensión de jubilación puede ser tan baja como US$ 120 mensuales, un monto que se encuentra claramente por debajo de la línea de pobreza. Aunque las personas de clase media normalmente tienen acceso a programas de seguridad social, varios medicamentos, diagnósticos y tratamientos tienen que ser conseguidos en el mercado. Para la población adulta-mayor esto es particularmente importante, dado que ella gasta considerablemente más en salud que otros grupos de población.

son las que se encuentran más afectadas respecto de su sentido de estatus frente a la llegada de familias jóvenes. Como veremos más adelante, lo que estos grupos representan no son solo trayectorias distintas, sino el encuentro de dos sistemas de definición de estatus: uno basado en la decencia y la adscripción, y otro, en el trabajo duro y el logro. Detrás de la competencia entre estas definiciones de estatus existe un conflicto por definir qué es clase media y quiénes son los miembros "legítimos" de dicho grupo.

*****

En este capítulo he propuesto que San Felipe es un caso útil para explorar la heterogeneidad de la clase media limeña. He mostrado que mientras ocurrían cambios en la estructura social y urbana, distintas capas y tipos de familias de clase media llegaron a San Felipe. De este modo, la residencial es un caso atractivo para explorar cómo estos distintos grupos de clase media coexisten e interactúan en la vida cotidiana. En el siguiente capítulo quiero mapear las distintas trayectorias que nos ayudarán a definir a los grupos de San Felipe y las relaciones entre ellos.

A diferencia de las aproximaciones estáticas a las clases y a la estructura social, la aproximación más relacional y fluida que sigo aquí muestra que el espacio social y los recursos o capitales estratégicos que definen las posiciones en él cambian a lo largo del tiempo. Este tipo de análisis permite una mejor comprensión de las clases y de la movilidad social que las aproximaciones estáticas que entienden a las clases como categorías inmutables, y a la movilidad social como si el espacio social en un primer momento sea el mismo que en el momento posterior. En el caso de la clase media limeña, he sugerido que de forma paralela a este cambio en la composición del espacio social aparecen posiciones enfrentadas respecto a la definición de estatus. El próximo paso en el análisis será trazar las trayectorias individuales que convergen en posiciones de clase media en San Felipe como lugar.

Capítulo 2

TRAYECTORIAS: SANFELIPANOS SE ENCUENTRAN

El objetivo de este capítulo es describir la ecología social de San Felipe. Hago esto esbozando las trayectorias comunes de grupos que convergen en el barrio. Una trayectoria (o carrera) se refiere a las posiciones sucesivas que un individuo o grupo ocupa durante su biografía en un campo particular o en el espacio social en general (Bourdieu 1993: 276. Véase también Bourdieu 1988). Como en toda tipología, una divergencia considerable se maniefiesta en el interior de cada categoría. Después de todo, la trayectoria de cada individuo es única. Sin embargo, se encontraron rasgos comunes en las trayectorias de los miembros de cada tipo. Las preguntas que guían mi descripción de las principales trayectorias que convergen en San Felipe son: ¿de dónde vienen los individuos en cuanto a lugar y clase de origen? y ¿cómo y por qué llegaron a San Felipe? Para construir estos tipos, me basé en 55 entrevistas que recogí durante el trabajo de campo.

La clase media contemporánea en Lima —y en San Felipe como un barrio de clase media— es un lugar de encuentro de trayectorias diversas. Generación, cohorte, lugar de origen (en términos sociales y espaciales) y sexo son categorías básicas que nos permitirán examinar la conexión entre trayectorias y espacio social. Como sugiere Small (2004), la distinción entre cohorte y generación es importante para comprender a los grupos y la forma como actúan en relación con el barrio. Una cohorte se refiere a una capa de individuos que vinieron a habitar un lugar en el mismo periodo de tiempo. Por el contrario, una generación alude a la distinción entre un grupo y sus hijos o nietos. Siguiendo esta distinción, encontré los siguientes grupos en San Felipe: 1) y primera generación y primera cohorte (C1G1), ahora en sus 70 años o mayores, que está formada por los fundadores de San Felipe; 2) una segunda cohorte (C2), ahora en sus 50 y 60 años, formada por una segunda capa de vecinos que llegaron a San Felipe en las décadas de 1970 y 1980; una tercera cohorte de sanfelipanos, de entre 30 y 50 años, formada por dos grupos: 3) los hijos de las miembros de las primeras dos cohortes, es decir, la segunda generación de sanfelipanos (C3G2); y 4) un grupo de vecinos nuevos (C3Nuevos). Además, existe una cuarta cohorte de sanfelipanos, la mayoría menores de edad, formada por la tercera generación de sanfelipanos y por los hijos de los vecinos nuevos. En esta investigación me centro en el mundo de los adultos, esto es, en los grupos C1G1, C2, C3G2 y C3Nuevos.

Primera cohorte, primera generación (C1G1) de sanfelipanos: adultos mayores

La primera cohorte, primera generación de sanfelipanos, tienen en común su edad (70 y más años), origen de clase media y la experiencia de vivir en San Felipe desde sus orígenes (por ya más de 40 años). Ellos formaron la primera cohorte, o la primera capa, en la ecología de San Felipe. De acuerdo con las convenciones existentes cuando los miembros de este grupo eran jóvenes y formaron sus familias, la norma era que los hombres fueran profesionales, proveedores y cabezas de familia; mientras que las mujeres fueran amas de casa. La mayoría de los hombres eran profesionales y trabajaban como empleados en entidades públicas o privadas, como profesionales independientes o como oficiales en las fuerzas armadas. La mayoría de las mujeres tenían educación secundaria, pero algunas tenían educación técnica. La mayoría de las mujeres tuvieron un trabajo en algún momento en sus vidas, pero su ocupación principal era la de amas de casa responsables de sus hogares e hijos. La mayoría de los miembros de este grupo son católicos y tienen una fuerte orientación hacia su familia y comunidad. Ser personas "decentes" y educar a sus hijos eran sus principales preocupaciones.

Cerca de la mitad de los entrevistados de esta cohorte nació en Lima, mientras que la otra mitad nació en otra ciudad del Perú. Aun así, la mayoría de los nacidos en Lima tuvieron padres nacidos en otras ciudades secundarias del Perú. En principio, la mayoría de los miembros de este grupo son migrantes de primera o segunda generación,[1] y muchos mencionan que su círculo principal de amigos son sus familiares y "paisanos". Sin embargo, su trayectoria es distinta de lo que normalmente entendemos por migrante o cholo, esto es, población de origen rural que se asentó en las periferias de Lima. De hecho, los miembros de este grupo resaltan que existe una gran diferencia entre ellos y los "migrantes": este grupo viene de familias de clase media; se ubicaron al llegar a Lima en distritos formales de la ciudad (generalmente el centro de Lima y otros distritos de clase media) y muchos vinieron a Lima a estudiar (generalmente la secundaria o en la universidad). Pero, más importante

1. Este patrón es similar al que Arellano y Burgos (2010: 70) encuentran cuando se refieren a los "limeños clásicos". Para los autores, una parte de los "limeños clásicos" nacieron en Lima, pero muchos de ellos son migrantes de primera, segunda o tercera generación que se incorporaron de forma armoniosa en la clase media tradicional.

aún, los "migrantes" son considerados, con mayor o menor énfasis, como personas pobres de origen rural, de rasgos indígenas, de poco conocimiento del idioma español, de un bajo nivel educativo (tanto en educación formal como en términos de modales), de poca disciplina o sentido de la responsabilidad (por tener más hijos de lo que pueden educar o mantener o por tomar mucho alcohol) y por ser "invasores" en Lima.

Al crecer, vivieron en el centro de Lima o en otros distritos de clase media como Magdalena, Jesús María o Miraflores. Para ese entonces, Lima era una ciudad pequeña de aproximadamente medio millón de habitantes. Sin embargo, durante los años cuarenta y cincuenta, empezó la migración masiva a Lima y aparecieron las primeras invasiones alrededor del centro de la ciudad. La primera generación de sanfelipanos no conoció o tuvo contacto directo con las barriadas o pueblos jóvenes de migrantes que aparecían en la ciudad. Sin embargo, fueron testigos del crecimiento de la ciudad y del incremento del número de migrantes, que trabajaban como vendedores ambulantes, cargadores y otras ocupaciones semejantes. Los miembros de la primera generación de sanfelipanos vieron, al igual que otros limeños, a las barriadas y pueblos jóvenes a la distancia y con cierta preocupación. En los años siguientes fueron testigos de cómo la migración aumentaba, al igual que el número de asentamientos humanos que se instalaban cada vez más hacia el norte, este y sur de la ciudad. Para este grupo, en general, la barriada está comúnmente asociada no solo con pobreza, sino también con desorganización, violencia y suciedad.

La primera cohorte-primera generación de sanfelipanos asistieron a escuelas públicas o privadas de Lima, en donde estudiaron con otros jóvenes de clase media y con jóvenes de clase trabajadora. Sin embargo, no compartieron en la escuela espacio con los migrantes o sus hijos. Sin embargo, la trayectoria de hombres y mujeres de este grupo diverge luego de la escuela. Como se mencionó, la mayoría de hombres de este grupo estudiaron en la universidad y se volvieron profesionales. Para ese entonces, el cuerpo estudiantil de las universidades era similar al de las escuelas a las que asistieron. Por el contrario, las mujeres de este grupo no siguieron estudios superiores.

Es un patrón común entre la primera generación de sanfelipanos que ya tuvieran familia antes de venir a San Felipe. El nacimiento de su primer hijo marcó el comienzo de su búsqueda de un lugar para vivir con sus nuevas familias. En general, antes de llegar a San Felipe, vivían en el centro de Lima o en otros distritos como Jesús María, Lince o Magdalena. Tenían ya entre 30 y 40 años cuando llegaron a San Felipe, y para ese entonces poseían un trabajo estable que les ofrecía una carrera asegurada en una entidad pública o privada. Como otros miembros de este grupo, Roberto Losa, un contador retirado de 75 años, menciona que él buscó lugares para vivir en áreas cerca de San Felipe como Lince, Magdalena, Pueblo Libre, Orrantia y Jesús María. Sin embargo, la oferta de vivienda era pequeña para la creciente clase media de ese entonces. Es en ese momento que el Estado promocionó a San Felipe como un proyecto de vivienda para la clase media. Allí, la clase media podría pagar sus nuevos departamentos por un periodo largo de tiempo (en cerca de 30 años). En general, los miembros de este grupo de sanfelipanos se sienten agradecidos y tienen un gran respeto por Belaunde, respecto de quien desarrollaron un gran aprecio.[2]

Para este grupo, vivir en San Felipe fue como una elección natural: el Estado dirigió esta iniciativa a familias de clase media, al mismo tiempo que estas familias buscaban vivienda en un área que les fuera familiar y conocida. También encontraron en este

---

2. Unas cuantas veces encontré fotos del presidente Belaunde en las salas de los departamentos de este grupo de sanfelipanos. El aprecio de estos sanfelipanos por el presidente Belaunde se debe no solo a la construcción de San Felipe, sino también a que varios de ellos trabajaron como parte de la burocracia estatal de la época en algunos ministerios. Ello ocurre de forma más marcada entre los administradores e ingenieros.

proyecto condiciones apropiadas para cumplir con los pagos. Era un encuentro afortunado. Otros elementos que encajaron perfectamente con la idiosincrasia de esta clase media fue el tamaño de los departamentos, relativamente grandes, además de que San Felipe contaba con una gran cantidad de áreas verdes.[3] Severo Martínez, un administrador retirado de unos 80 años, menciona que él y su familia vivían en una casa en Jesús María antes de llegar a San Felipe, y encontró que "los departamentos eran más o menos del mismo tamaño que la casa". Menciona que su casa anterior tenía un pequeño jardín, "pero San Felipe tiene un montón de parques, y un centro comercial, y muchos servicios. Y todos esos detalles me convencieron poco a poco". En general, los miembros de este grupo de sanfelipanos se sienten orgullosos de haber tomado la decisión de vivir allí. Además de todos los incentivos, vieron a San Felipe como un lugar "moderno" para vivir. Severo Martínez menciona que "en ese tiempo San Felipe era considerado como 'la gran manzana' de Lima". En general, la primera generación de sanfelipanos considera la arquitectura funcionalista de San Felipe como una señal de modernidad y racionalidad. En ese contexto, modernidad también significa distinción respecto de los pobres, especialmente de los nuevos migrantes que empezaban a poblar las periferias de la ciudad. Al contrario de la desorganización e improvisación que veían en las barriadas, el diseño funcionalista de San Felipe encajaba perfectamente con el ideal de la clase media en relación cómo debía ser la vida en la ciudad (i. e., organizada y funcional).[4]

---

3. Como veremos más adelante, los parques y jardines en Lima son tenidos como símbolos importantes de estatus, pues no solo son escasos dadas las características geográficas de la ciudad, sino que son caros de mantener. Las áreas verdes son consideradas como lo opuesto al paisaje árido y desértico que predomina en las imágenes de las barriadas y pueblos jóvenes.

4. La planificación funcionalista hacía una división clara entre el lugar de residencia y el lugar del trabajo, pero los conectaba siguiendo principios fordistas para maximizar la eficiencia y el orden. De este modo, la arquitectura funcionalista puede ser vista como la máxima expresión de la racionalización de la vida cotidiana en la ciudad (véase Harvey 1990 y Hall 2002). Al contrario del fracaso de

La primera cohorte de sanfelipanos llegó al barrio no solo compartiendo una misma trayectoria y generación, sino también para compartir la experiencia de ser los pioneros en San Felipe y el tener un destino en común. En su caso, la experiencia que marcó sus vidas como grupo fue el educar a sus hijos al mismo tiempo. Leonardo Mejía, un médico de 73 años, menciona:

> El modo de pensar era el mismo. Todos entendíamos que nuestros hijos estaban creciendo en un lugar en el queríamos que crezcan. Éramos jóvenes. Queríamos una sociedad formada bajo nuestros parámetros, y eso era posible; la estábamos haciendo. Entonces, yo diría que eso era lo que nos unía en la primera etapa.

Como en el relato de Leonardo Mejía, la mayoría de los adultos mayores de San Felipe mencionan que el barrio era distinto al resto de la ciudad, y algunos incluso referían que tenía su propia dinámica y cultura.

En el caso de San Felipe, al menos durante sus primeros años, el barrio no estaba formado solo por adultos, sino por niños y jóvenes. Los niños, decía Suttles, son "especialistas" en la creación de un barrio (1972: 40). Ellos no solo se conocen mutuamente y son los personajes más visibles en las calles y veredas, sino que hacen que sus padres se conozcan. Los padres jóvenes de San Felipe llevaban a sus hijos a jugar a los parques. Y con el tiempo se dieron cuenta de que otros padres también salían con sus hijos a jugar. En algunas ocasiones conversaban mientras los niños jugaban, y en algunos casos se volvieron amigos. Recuerdan con agrado el descubrir que en San Felipe había muchos otros profesionales. Estos encuentros fortalecieron la idea de que los sanfelipanos formaban un grupo homogéneo.

---

los proyectos de vivienda de este tipo en los Estados Unidos, en América Latina y en Europa fueron exitosos, y son considerados como buenos lugares para vivir por las clases trabajadora y media.

Las esposas son las otras "especialistas" en la formación del barrio. Ellas pasaban buena parte del día en San Felipe mientras sus esposos trabajaban. Como los niños, las esposas conocieron a otras esposas y conversaban con ellas. El supermercado, las veredas y los ascensores eran lugares importantes de socialización y para compartir información sobre cómo cuidar a sus familias. Como sus esposos, ellas conocieron a otras esposas con vidas y experiencias similares. Y nuevamente, como lo hacían los niños, las esposas hicieron que algunas familias se conozcan.

Los niños luego crecieron y se volvieron más independientes. Empezaron a jugar con otros niños de los edificios cercanos y a formar grupos. Los adultos mayores recuerdan que los chicos solían ir en grupo de departamento en departamento. Nuevamente, Severo Martínez menciona respecto al rol de los niños en el barrio:

> Para ser sincero, los conocíamos [los amigos de su hijo] porque mi hijo... lo que pasaba era que, para ser sincero, todas las casas [departamentos] eran como pequeños clubs. Todo el grupo iba a la casa de uno, luego a otra... se sentaban, entraban, comían y hacían todo. Entonces los conocimos, pero a sus padres no los conocíamos personalmente, pero sí de referencia. Sabíamos quiénes eran, pero de eso se trataba. Eran los chicos; era eso, que eran un grupo, que jugaban fútbol en los parques o en los estacionamientos. Entonces, obvio que creaban una especie de amistad o solidaridad, que era tan visible. Eso realmente nos llamó la atención [a él y a su esposa] y nos atrajo de San Felipe. Y recordamos eso con mucho cariño. Nos encantó. Definitivamente.

Leonardo Mejía, en una descripción similar sobre este periodo de San Felipe, agrega que en los primeros años los chicos iban de casa en casa en pijama. También recuerda algunas esposas comprando pan en bata y a los esposos lavando sus carros en sandalias los domingos.

Actualmente, luego de 40 años de vivir en San Felipe, la mayoría de los miembros de esta cohorte se han jubilado. En consecuencia, sus ingresos se han reducido de forma radical. Sin embargo, algunos continúan trabajando o tienen un pequeño negocio, pero quienes han sufrido más las consecuencias de la jubilación son las viudas, dado que eran altamente dependientes (económica y socialmente) de sus maridos.

La exposición de esta primera cohorte de sanfelipanos al resto de la ciudad ha decrecido dramáticamente en los últimos años. En general, para los miembros de esta cohorte, el mundo se ha reducido básicamente al universo de sus familias y algunos vecinos en San Felipe. Actualmente, el contacto con sus amigos del colegio, trabajo y con sus paisanos es menos frecuente. Su estatus de clase media está más o menos debilitado por su nivel de ingresos actual. Aunque algunos de ellos viven actualmente en situación de pobreza objetiva, mantienen su autoidentificación como clase media.

La segunda cohorte de sanfelipanos (C2): adultos

Entre los años setenta y ochenta, una segunda cohorte de vecinos llegó a San Felipe y formaron una segunda capa en la ecología del barrio. Estas son personas actualmente entre los 50 y 65 años de edad, que llevan viviendo en San Felipe ya unos 30 a 40 años. La mayor parte de ellos nacieron en Lima, pero en la mayoría de los casos sus padres nacieron en otras ciudades del Perú. Como en el caso de los adultos mayores, vienen de familias de clase media y crecieron en otras ciudades del Perú o en otros barrios de clase media en Lima. Sin embargo, encontré entre estos vecinos a algunos que vienen de barrios y familias pobres, aunque siempre mencionan que sus familias estaban en una mejor posición económica que otras familias en sus barrios de origen. Crecieron cuando Lima era aún una ciudad relativamente pequeña (alrededor de 1,5 millón de habitantes), aunque para ellos Lima siempre fue una ciudad segregada. Durante sus vidas, vieron la intensificación de la segregación de gran escala, eso es, el proceso en el cual la élite empezó a mudarse a zonas cada más hacia el sureste, mientras que los migrantes pobres comenzaron a invadir masivamente áreas hacia el norte, este y sur de la ciudad (Driant 1991, Pereyra 2006).

Cuando estuvieron en la escuela, los estudiantes que estos sanfelipanos encontraron eran diferentes a los que la primera generación de sanfelipanos halló. Mientras que las élites empezaron a matricular a sus hijos en escuelas nuevas y más exclusivas, algunos migrantes o hijos de migrantes eran matriculados en estas escuelas, aunque su presencia era relativamente menor. Los hombres y la mayoría de mujeres de este grupo asistieron a la universidad o instituciones de educación técnica. Sin embargo, en estas instituciones la presencia de migrantes era mínima. Asistir a instituciones de educación superior estaba por lo general fuera de sus posibilidades económicas. De este modo, las instituciones de educación posescolar limitaron la exposición y contacto de este grupo de sanfelipanos con los migrantes. Sin embargo, en comparación con las mujeres de la primera cohorte, las mujeres de esta segunda cohorte tuvieron más contacto con migrantes, primero en la escuela, luego en el trabajo.

Hombres y mujeres de esta cohorte se encuentran aún en el mercado de trabajo. Los hombres tienen trabajos a tiempo completo y han consolidado sus carreras como profesionales independientes o empleados o funcionarios en el sector público o privado. Las mujeres de este grupo también trabajan como profesionales independientes o trabajadoras de cuello blanco, aunque generalmente sus ingresos son menores que los de sus esposos. Tener un empleo ha permitido a algunas de estas mujeres el mantener a sus familias en una posición de clase media a pesar de ser solteras, divorciadas o viudas.

Durante sus vidas, los miembros de este grupo han visto la expansión de Lima a través de la migración e invasión de terrenos. La mayoría de ellos no conocieron estas áreas cuando eran jóvenes, sino que las vieron en la televisión, en los periódicos o "por la ventana del auto" cuando viajaban fuera de Lima. Sin embargo, algunos de ellos, como parte de sus trabajos, han tenido contacto directo con las barriadas o pueblos jóvenes y con las personas que vivían en ellos. Como veremos, la forma en la que ven a estas barriadas y sus vecinos es más positiva que la de los adultos mayores.

Los sanfelipanos de esta cohorte mencionan generalmente que llegaron a vivir a San Felipe de una forma muy pragmática. En comparación con la primera cohorte, para este grupo no había incentivos especiales para escoger vivir en San Felipe. Por el contrario, tenían otras opciones. Sin embargo, prefirieron San Felipe por las ventajas que ofrecía. César Armas, un administrador de 65 años recientemente jubilado, menciona que creció en Jesús María, donde aún viven sus padres. Hizo su carrera en una empresa estatal y uno de los beneficios que le dio su trabajo era el acceso a un programa de crédito para comprar una casa. Nos cuenta:

> San Felipe está en Jesús María, que es un buen distrito. Mi familia vive en Jesús María, y mi trabajo y los otros trabajos que he tenido han sido en el centro [de Lima], en Lince y en Jesús María. Entonces, San Felipe para mí siempre ha sido una buena ubicación. Tú sabes, equidistante a todos lados, a la familia, al trabajo, amigos, a todo.

Como puede verse, uno de los motivos más importantes para escoger San Felipe como lugar para vivir es su ubicación. Unas cuantas décadas luego de su inauguración, San Felipe no era más un lugar aislado rodeado de casonas, lotes vacíos o incluso granjas, como lo era al comienzo. Por el contrario, las avenidas que rodean San Felipe se volvieron importantes vías de Lima, por donde empezaron a pasar varias rutas de transporte público. De ese modo, San Felipe se convirtió en un lugar céntrico. Claro está que "céntrico" en relación con el grupo del que estamos hablando y los lugares a los que suelen ir. Los miembros de esta segunda cohorte mencionan que trabajan en lugares cerca de San Felipe, que es el área en el que se encuentra la mayoría de entidades estatales, oficinas de empresas y negocios. De modo similar, matricularon a sus hijos en colegios y universidades en esta área. Finalmente, también mencionan que sus amigos vivían en lugares cercanos de San Felipe. Cuando decidieron vivir en San Felipe, estaban buscando un lugar cercano a todos sus puntos de referencia en la ciudad. Como César Armas, otros miembros de esta cohorte evaluaron sus opciones en estos términos y optaron por San Felipe.

Otro elemento común que contribuyó para escoger San Felipe como lugar para vivir fue el conocimiento previo del barrio. Los miembros de esta cohorte mencionan que tenían amigos o familiares viviendo en San Felipe antes de que ellos llegaran, por lo que tenían conocimiento de primera mano sobre el tamaño de los departamentos, los servicios disponibles y sobre todo acerca de la experiencia de vivir allí. De este modo, la mayoría de las veces, optar por San Felipe no fue una aventura, como fue el caso del primer grupo. Por el contrario, para este grupo fue una decisión cuidadosa que reflejaba las aspiraciones y el tipo de vida que deseaban.

La tercera cohorte-segunda generación (C3G2) de sanfelipanos: adultos-jóvenes antiguos

En la tercera cohorte de sanfelipanos existen dos grupos. Primero están los adultos-jóvenes antiguos (los hijos de la primera o segunda cohorte de sanfelipanos) y en segundo lugar están los adultos-jóvenes nuevos (o simplemente "vecinos nuevos"). Ambos son del mismo rango de edad (entre los 30 y 50 años) y constituyen la tercera capa de vecinos en la ecología de San Felipe.

Los adultos-jóvenes antiguos vienen de familias de clase media y han vivido la mayor parte de sus vidas en San Felipe. Aunque la mayoría de los chicos que crecieron en San Felipe ahora viven en otras partes de Lima, algunos se han quedado en San Felipe o han regresado. Entre mis entrevistados de este grupo, un tercio han vivido todas sus vidas en San Felipe y siguen viviendo con sus padres, un tercio ya no viven con sus padres, pero eligieron vivir en otro departamento en San Felipe precisamente para estar cerca de sus padres, y el otro tercio se mudó a otro barrio en algún momento de sus vidas, pero luego decidieron volver. Aquellos que volvieron lo hicieron porque sus padres fallecieron y heredaron el departamento, porque sus padres han envejecido y han decidido volver a vivir con ellos o porque encuentran que San Felipe es un buen lugar para residir.[5]

Los adultos-jóvenes antiguos mencionan que tuvieron una vida de barrio intensa cuando eran niños y jóvenes. Recuerdan crecer en San Felipe como una buena experiencia. Carolina Saavedra, una psicóloga de 37 años, recuerda haber jugado a las escondidas y otros juegos con otros chicos de su edad:

> Era un vacilón. ¡Imagínate jugar a las escondidas en San Felipe! Bueno, tú sabes, porque seguro también lo has hecho. Jugábamos a las escondidas detrás de los autos; pasábamos toda la tarde jugando. Y recuerdo que era seguro porque nuestros papás y otros vecinos siempre nos chequeaban desde la ventana [de sus departamentos].

Roberto Campos, un contador de 38 años, también recuerda crecer jugando fútbol en los parques:

> Éramos un grupo de cuatro a seis patas que siempre nos juntábamos a patear pelota. Pero algunas veces nos juntábamos con gente de otros edificios, y a veces éramos como veinte jugando fútbol.

También recuerda montar bicicleta y *skate* en las veredas y rampas de San Felipe, y agrega que "era un vacilón. Bueno, tú sabes".

En comparación con la primera y segunda cohorte (que generalmente fueron a colegios públicos), la mayoría de los miembros de este grupo fueron a colegios privados de clase media. Estos estaban por lo general en el área de San Felipe. En el caso de aquellos en mejor situación económica, asistieron algunos de los colegios católicos privados de prestigio. Cuando eran chicos, las escuelas públicas

---

5. Generalmente se refieren al tamaño de los departamentos en San Felipe en comparación con los departamentos más nuevos en Lima, así como a la gran cantidad de parques y áreas verdes respecto de cualquier otro lugar en Lima.

estaban en declive y empezaban a estar pobladas por chicos de familias de clase trabajadora y de migrantes. En este contexto, estar en una escuela privada se convirtió en una forma importante de aislar a los chicos de clase media de los pobres, así como era un símbolo de estatus social.

Todos mis entrevistados de este grupo estuvieron en la universidad o en un instituto técnico, un rasgo común de la trayectoria de individuos de clase media de este grupo, aunque siempre hay una pequeña diferencia entre hombres y mujeres.[6] Debemos notar que una implicancia general de esto es que, como grupo, estos tienen más años de estudios que los grupos anteriores, especialmente en el caso de las mujeres. Como era el caso de los miembros de las cohortes anteriores, la presencia de jóvenes de origen más pobre en las universidades era aún pequeña, pero de todos modos significativa. Sin embargo, lo que es un cambio relevante en estas universidades es que jóvenes de origen pobre, que crecieron en barrios antes pobres asociados a la migración y acceso informal a la propiedad, eran ahora miembros de la clase media. En este caso, aunque el estudiantado de las universidades y los institutos técnicos estaba relativamente segregado en términos de nivel socioeconómico,[7] eran de todos modos heterogéneos en cuanto a sus trayectorias de movilidad social. De este modo, para este grupo (inicialmente aislados de los pobres desde la escuela), la universidad o el instituto y luego el trabajo les permitió el contacto con personas de otras trayectorias.[8]

---

6. Solo dos mujeres de este grupo no asistieron a la universidad, pero tienen estudios técnicos.
7. Sulmont y Valcárcel (1991), en un estudio sobre los institutos técnicos a inicios de los años noventa, encuentran que estos estaban bastante segregados por su nivel socioeconómico (sobre la base del costo de los estudios y su ubicación). Sin embargo, también hallan que la mayoría de sus estudiantes son migrantes, de primera, segunda o tercera generación.
8. Arellano y Burgos (2010), con base en una muestra representativa para Lima, identifican este mismo patrón para la ciudad.

La segunda generación de sanfelipanos que continúa viviendo en San Felipe tiene dos trayectorias principales. La primera es similar a la de sus padres: escoger vivir en San Felipe fue una decisión relativamente "natural". Los motivos para esto varían, y generalmente están mezclados. Existen algunos sanfelipanos adultos-jóvenes que se mantienen solteros o que tuvieron hijos, pero luego se separaron de sus parejas y volvieron a vivir con sus padres. También existen adultos-jóvenes sanfelipanos que decidieron traer a sus nuevas familias para vivir con sus padres. Finalmente, están aquellos que decidieron quedarse con sus padres para cuidarlos. Tener familiares de una primera, segunda y a veces tercera generación viviendo juntos tiene sus ventajas. Entre estas ventajas están el cuidado de los mayores y el tener a estos cuidando a los más pequeños. Aunque estas situaciones son más comunes entre aquellos adultos-jóvenes con menores recursos económicos, no es siempre el caso. De hecho, es bastante común en Lima que los adultos-jóvenes vivan con sus padres.[9] Aunque los motivos mencionados arriba son normalmente los principales para seguir viviendo en San Felipe, los adultos-jóvenes antiguos también mencionan algunos elementos adicionales que apoyan su decisión de quedarse: la ubicación de San Felipe y su cercanía a sus trabajos y colegios de sus hijos, la existencia de parques y servicios cerca, y el tamaño de los departamentos, que permite tener viviendo juntas a tres generaciones de una misma familia.

La segunda trayectoria se encuentra en el caso de adultos-jóvenes antiguos de San Felipe para quienes volver fue casi un deber. Algunos jóvenes-adultos antiguos que dejaron San Felipe siendo más jóvenes volvieron al barrio porque sus padres envejecieron y no podían mantenerse solos. Normalmente, esto se asocia con el hecho

---

9. Sin embargo, este es un patrón cultural que parece estar cambiando entre los adultos-jóvenes de clases medias altas que empiezan a valorar la independencia: o comparten el alquiler de departamentos con otros jóvenes o viven solos.

de que alguno de los padres enviudó o por el deterioro rápido de su salud.[10] Este fue el caso de María Luisa Castilla, una secretaria de 56 años, quien dejó San Felipe al casarse y compró una casa nueva en Jesús María. Su padre falleció al mismo tiempo que la salud de su madre decayó, lo que la obligó a cambiar su rutina. Durante un tiempo iba a San Felipe cada mañana para ver a su madre y asegurarse de que estuviera bien, tomar desayuno con ella y dejarle el almuerzo. Luego del trabajo, antes de volver a su casa, pasaba por el departamento de su madre para darle otra mirada y dejarla lista para ir a dormir. Por entonces también se divorció. Mientras la enfermedad de su madre avanzaba y su salud se volvía más delicada, decidió alquilar su casa en Jesús María y se mudó a San Felipe junto a sus hijos. Ella y sus hijos se adaptaron fácilmente a la vida en San Felipe. María Luisa se encontró con antiguos amigos y amigas. También encontró en San Felipe a otras personas de su edad que asistían a sus padres. Hoy son amigos y comparten consejos sobre cómo cuidar a sus padres y a sus hijos.

Otro patrón que puede ser encontrado entre sanfelipanos retornantes es que heredaron departamentos. Esto es de hecho relativamente común, dado que, a estas alturas, algunos de los miembros de la primera generación de sanfelipanos están falleciendo. Generalmente, los primeros sanfelipanos tuvieron dos o tres hijos. En caso de fallecimiento de los padres, la forma más común de resolver el problema de la herencia es vender el departamento. Sin embargo, existen casos en los que los padres tenían un solo hijo o en los que uno de ellos tenía especial interés de obtener el departamento. Muchos vecinos que conocí durante el trabajo de campo mencionaron que heredaron el departamento en el que viven hoy en día luego de

10. Por lo general, hospicios o casas de retiro no han sido una opción para tratar con el envejecimiento por parte de las familias de clase media. Lo común es que la persona mayor, cuando ya no puede vivir de forma independiente, va a vivir a la casa de algunos de sus hijos o es uno de los hijos el que va a vivir a casa de su padre o madre.

que sus padres fallecieron. Cuando se casaron, dejaron San Felipe para vivir con sus nuevas familias y alquilaron un departamento en otro lugar de Lima. Cuando tuvieron el departamento a su disposición, decidieron volver a San Felipe con sus nuevas familias. Nuevamente, vivían en lugares cercanos a San Felipe, y volver al barrio no les resultó un cambio brusco.

Una variación de este patrón puede encontrarse entre algunos sanfelipanos de segunda generación, especialmente aquellos de familias de mayores recursos. Entre ellos, es común que sus familias compraran dos departamentos en San Felipe. En el caso de Roberto Campos, él menciona que su familia alquilaba el segundo departamento cuando era niño, pero cuando se casó y tuvo niños, se mudó a este segundo departamento. De este modo, no tuvo que comprar un departamento para su familia, y aún vive cerca a sus padres para poder darles una mirada y pedirles que cuiden a sus hijos de vez en cuando.

Una historia similar es la de Raúl Zegarra, un abogado de 44 años de una familia de varios hermanos. Sus hermanos se fueron mudando a medida que se casaban. Uno de sus padres falleció y el otro se casó nuevamente y se mudó de San Felipe con su nueva pareja. Raúl resume su historia diciendo "es como una fiesta, ¿sabes? El último en salir apaga la luz". Y agrega que "y a fin de cuentas, la casa [departamento] es grande, es cómodo, y está bien ubicado; y claro, también es difícil irse, ¿sabes? Uno se acostumbra a vivir acá".

De modo similar, Carolina Zegarra fue al extranjero para estudiar un posgrado. Al volver a Perú regresó a casa de sus padres, "tú sabes, porque cuando vuelves no tienes dinero para vivir por tus propios medios, y la casa de tus padres siempre está abierta, al menos mientras consigues un trabajo mejor y ahorras algo de dinero para ya vivir sola". Luego sus padres se divorciaron y cada uno tuvo un nuevo compromiso. Poco después, su padre decidió comprar un departamento en otro edificio en San Felipe para vivir con su nueva pareja. Carolina menciona que para entonces ella y su nueva pareja decidieron vivir juntos, y "tú sabes, este departamento estaba disponible, y si uno puede vivir acá, bueno, ¿por qué no?". Acerca de vivir en San Felipe menciona que "el único problema es que los departamentos y los edificios ya se están volviendo viejos, y a veces los ascensores de malogran", aunque también agrega "pero los departamentos acá son enormes comparados con los departamentos que hacen ahora. ¡Mira esta sala! Y los cuartos son enormes también. Y está bien ubicado. Cerca a nuestros trabajos, cerca a los amigos, cerca a la familia". San Felipe no fue necesariamente escogido como lugar para vivir. Solo estaba disponible, pero siempre acaba siendo un buen lugar para vivir.

La tercera cohorte–vecinos nuevos (C3nuevos): adultos–jóvenes nuevos

El otro grupo que forma la tercera cohorte de sanfelipanos es el de los vecinos nuevos adultos-jóvenes. Los adultos-jóvenes nuevos en San Felipe tienen un origen distinto al resto de sanfelipanos. Vienen de familias de migrantes, al igual que los sanfelipanos de la primera o segunda cohorte, pero su trayectoria es de movilidad social ascendente y no de reproducción social. Saben que tienen un origen migrante, pero se ven a sí mismos como limeños y básicamente no ven mayores diferencias entre ellos y sus pares sanfelipanos.[11] Existen dos trayectorias principales dentro de este grupo. En primer lugar, están las familias que vivían en barrios populares de Lima antigua, como El Cercado, Breña, el Rímac o La Victoria. Vinieron a San Felipe escapando de estos barrios en búsqueda de un mejor ambiente para sus familias. En segundo lugar, están las familias que vienen de antiguas zonas periféricas de Lima, que anteriormente fueron pobres e informales, pero que se formalizaron y sus vecinos

11. Arellano encuentra esta misma aptitud en este grupo de migrantes de segunda o tercera generación en proceso de movilidad social ascendente (Arellano 2010, Arellano y Burgos 2010). Los llama "neolimeños".

son ahora parte de la clase media.[12] En ambos casos llegaron a San Felipe como parte de la consolidación de su posición de clase media. Sin embargo, como veremos más adelante, para la mayoría de los adultos-mayores, estos dos grupos de vecinos nuevos son vistos como procedentes de "barriadas". Para ser más específicos, cuando los adultos-mayores se refieren a "barriadas" aluden a áreas de la ciudad que antiguamente eran asentamientos humanos, pero como si se mantuvieran en los años sesenta (i. e., invasiones de terrenos, con viviendas precarias, sin servicios básicos) y no como áreas formales de la ciudad que ahora albergan familias de clase media. También imaginan a estos vecinos nuevos no como limeños o de una segunda o tercera generación de migrantes (al igual que ellos mismos), sino como migrantes rurales, y en consecuencia con hábitos diferentes y "poco educados" o "civilizados".

Este grupo de vecinos nuevos generalmente fue a escuelas públicas o privadas ubicadas en distintas partes de Lima, sea cerca de sus barrios, en el centro de Lima o en barrios de clase media. Cuando estudiaron en escuelas en el centro de la ciudad o en sus distritos, tuvieron contacto con chicos pobres y con otros chicos como ellos, de una trayectoria de movilidad social ascendente. Cuando fueron a escuelas en distritos de clase media tuvieron un contacto más intenso con otros chicos de clase media tradicional. Es decir, su experiencia en la escuela fue siempre más expuesta a otros grupos o menos insular que el caso de los otros grupos de sanfelipanos.

Aunque se suele asociar a los miembros de esta nueva clase media con actividades comerciales o con en el sector servicios (Portocarrero 1998, Arellano y Burgos 2010, Toche 2010),[13] lo que

---

12. Para el caso de Lima, véase Portocarrero 1998, Arellano y Burgos 2010 y Toche 2010.

13. En el contexto peruano el crecimiento de la economía de servicios es un fenómeno relacionado no solo con el auge de trabajos altamente calificados, sino principalmente con el auge y éxito de empresas familiares y medianos y pequeños empresarios. Muchas de estas empresas tienen un origen informal, y luego se formalizaron y expandieron (De Soto 1986, Adams y Valdivia 1991). De este

encontré en San Felipe fue individuos de esta nueva clase media con títulos universitarios o técnicos que se desempeñan como profesionales independientes o dependientes. La universidad o instituto técnico aumentó así su contacto con jóvenes de distintos orígenes en Lima. En la mayoría de casos, ellos tienen un nivel educativo más alto que el de sus padres. En comparación con los adultos-jóvenes antiguos de San Felipe, para quienes la educación superior es generalmente la norma, los miembros de este grupo fueron los primeros en sus familias con educación superior. En consecuencia, la universidad o instituto técnico fueron un primer lugar en donde se socializaron de forma intensa y en relativa igualdad de condiciones con jóvenes de otras trayectorias, por ejemplo, como los adultos-jóvenes de San Felipe o de otros barrios similares. De este modo, la universidad o instituto técnico les dieron la oportunidad de consolidar su posición de clase media como profesionales y les dio acceso a trabajos de clase media.

Los sanfelipanos nuevos que vienen de barrios populares de Lima antigua se consideran como en "mejores condiciones" que sus antiguos vecinos. Llegaron a San Felipe buscando un mejor lugar para que crezcan sus hijos, esto es, un lugar más seguro y donde podían estar con "gente de mejor nivel" (i. e., gente de clase media). Camilo Ames, un trabajador independiente de 55 años, menciona que vino a San Felipe con su familia porque el lugar donde vivía se estaba "maleando". Menciona que llegó a San Felipe buscando un lugar mejor para sus hijas, que se estaban volviendo adolescentes: "[En mi barrio antiguo] habían muchos chicos maleados, y eso me tenía preocupado. Tú sabes, quería que crezcan en un lugar mejor". Menciona que por su trabajo ya conocía gente que vivía en San Felipe, y describe a San Felipe de la siguiente forma:

---

modo, algunos nichos del mercado permitieron que algunas familias de origen pobre y migrante logren una posición de clase media (Arellano y Burgos 2010).

> Yo siempre tuve la imagen de San Felipe como un buen lugar para vivir; porque hay gente bien educada, gente que se ha formado, tú sabes, gente que lee. Gente que sabe al menos quién es Vargas Llosa o García Márquez. Gente de buen nivel, ¿sabes? Y quería que mis hijas crezcan en ese ambiente.

Aunque era consciente de que había chicos maleados en San Felipe, así como varios fumones, aún considera que San Felipe es un lugar seguro en comparación con su barrio antiguo. De modo similar, Edith Tapia, una enfermera de 52 años, refiere que lo que le atrajo más de San Felipe fueron los parques, algo que en su familia siempre habían valorado: "Todo el tiempo que he estado acá [en San Felipe] me he sentido bien feliz porque lo que siempre quise eran los parques. ¿No es cierto? Ahora, yo... donde vivía antes no habían parques. Acá todo siempre se veía bien bonito". Como veremos más adelante, esta narrativa positiva sobre San Felipe en la actualidad contrasta completamente con la de los sanfelipanos de la primera cohorte, para quienes el barrio está en deterioro.

La otra trayectoria está representada por Luis Paz, un contador de 43 años. Él vino de San Martín de Porres, uno de los distritos más antiguos de urbanización informal en Lima, hoy en día prácticamente formal y consolidado. Él llegó a San Felipe buscando un bueno lugar para vivir. Comprar un departamento en San Felipe era parte de su consolidación como clase media. Antes de venir a San Felipe, alquilaba un departamento en Lima. Pero para cuando su hijo creció, decidió que era tiempo de comprar una casa. Sobre escoger San Felipe como lugar para vivir, dice "me gustaban los parques en San Felipe. No hay muchos parques en San Martín de Porres, y generalmente están en mal estado, ¿sabes?". Pero la ubicación también fue un factor importante en su decisión:

> San Felipe está cerca a mi trabajo. Cuando vivía en San Martín me tomaba una hora, a veces más de una hora, llegar a mi trabajo. Entonces nos mudamos a Lince, donde alquilábamos un departamento. Y me acostumbré. Entonces empecé a buscar un lugar cerca a mi trabajo.

También menciona, respecto a su hijo, que "cuando nos mudamos acá, lo matriculé en el colegio San Felipe. Hum, sí, también quería que vaya a un colegio mejor [que colegios en San Martín de Porres] y vivir cerca al colegio".

En ambos casos, encontrar el mejor balance entre precio y tamaño del departamento aparece también como un factor complementario. Como se mencionó, los miembros de este grupo ya eran de clase media, y como otros miembros de la clase media, ellos también organizan la mayoría de sus actividades (trabajo, escuela de los niños y ubicación de amigos y familiares) en la zona central de la ciudad. Como otros individuos de clase media, compararon los departamentos de San Felipe con los departamentos en los alrededores. Encontraron que, por el mismo precio, los departamentos de San Felipe eran mucho más grandes que los otros. Hernando Flores, un ingeniero de 48 años que creció en San Juan de Lurigancho, menciona que lo más importante para él era la ubicación, por lo que estuvo buscando algún departamento entre Pueblo Libre, Lince, Magdalena y Jesús María. Él recuerda:

> Déjame ver... llegamos a San Felipe en el año 2006, a San Felipe, a vivir acá en San Felipe. Vivíamos en Pueblo Libre [...] y nos mudamos acá a San Felipe porque mi esposa estaba embarazada y ella... la casa donde vivíamos... era un departamento, y era pequeño... y cuando empiezas a pensar en una familia... que necesitas una empleada que te ayude [a tiempo completo] en los próximos años... ya empezamos a buscar un departamento grande, ¿sabes?

Considerando que los miembros de este grupo vinieron a San Felipe en el momento en que estaban teniendo hijos, el tamaño de los departamentos, de las habitaciones y la presencia de parques se volvieron motivos adicionales para optar por San Felipe.

Aunque actualmente sus vidas son muy similares a las de los adultos-jóvenes antiguos de San Felipe, los adultos-jóvenes de este grupo no tienen recuerdos de San Felipe ni el grado de apego al barrio que sus pares. Aunque tanto los adultos-jóvenes nuevos como antiguos tienen rutinas de trabajo y redes de amigos que los extraen del barrio con la misma fuerza, los vecinos más nuevos no dejan de ver San Felipe como un lugar ajeno. Mario Rojas, un consultor independiente de 45 años, ve San Felipe de la siguiente forma:

> No hacemos mucho contacto, no hay mucha comunicación con los vecinos. Te digo... al menos por la zona donde vivo... en mi sector... tú sabes, en mi edificio solo saludo a personas de tres departamentos... ¡y eso que son personas más o menos de mi edad, y de mi propio edificio Ah, sí, también hay una señora mayor que vive en San Felipe hace décadas, pero solo nos decimos "buenas" y "buenas". Eso es todo. Hasta ahí va la cosa. No hay intimidad. Ni siquiera para los cumpleaños la gente te dice "oye, ¿por qué no vienes a mi casa? Te invito". Solo nos saludamos en el ascensor y "que le vaya bien". Ese es el límite. No hay mucha amistad en el barrio.

Mario Rojas creció en San Martín de Porres, y para él su barrio antiguo era un barrio de verdad, mientras que San Felipe no lo es. Compara San Felipe y su barrio antiguo de la siguiente manera:

> Allá [en San Martín de Porres] los chicos están corriendo en las calles y hasta los grupos de chicos entran a las casas. Los mayores están en las bodegas, y a veces nos tomamos una cerveza en la calle y conversamos. Nos conocíamos todos. Hasta íbamos a la casa de los vecinos a ver los partidos en la tele. A veces habían partidos de fútbol o de vóley en la calle. Tú sabes, los chicos cierran la calle con piedras o algo y toman la calle para jugar, y la gente se juntaba para verlos jugar. También había un equipo del barrio que se metía en campeonatos con equipos de otros barrios, y sus papás también venían a verlos jugar, y así. Algunas familias traían comida y hasta el dueño de la bodega se ponía unas gaseosas para los chicos. Eso no lo veo acá en San Felipe. Todos están como aislados en su propio mundo. Supongo que es por los edificios y vivir en departamentos te hace como que más aislado: cada uno está en su cajita.

Como puede verse, la descripción que hace Mario Rojas de su barrio antiguo es muy similar a la de los vecinos antiguos de San Felipe. Sin embargo, él no lo ve de ese modo. Para él San Felipe es un lugar donde las personas están dispersas y donde no hay cohesión. Desde su punto de vista no es un barrio.

Otros grupos de vecinos nuevos

Existen otros grupos de vecinos nuevos en San Felipe. Sus orígenes y trayectorias son parecidos a los de otros vecinos antiguos de San Felipe que hemos descrito más arriba, con la excepción del hecho de que son vecinos nuevos. Son grupos que se han asimilado o han logrado fácilmente empatía con otros vecinos antiguos de San Felipe en la medida en que son considerados "similares" a sus pares. De este modo, no se considera que hayan alterado la ecología de San Felipe. Son vistos como vecinos parecidos a los antiguos, con la diferencia de que son nuevos. No son considerados como "distintos" o "disruptivos", como lo son los otros vecinos nuevos. Sin embargo, el grado en que se hayan asimilado a la vida del barrio depende, como en el caso de sus pares antiguos, de su edad y las dinámicas espaciales que afectan sus vidas (sus rutinas), eso es, el grado en que sus vidas están encapsuladas en San Felipe o están dispersas por la ciudad.

El primer grupo es de los vecinos nuevos adultos-mayores. Ellos son, como la primera cohorte de sanfelipanos, vecinos de 70 años o más, limeños o "paisanos" que vinieron a Lima de jóvenes, profesionales retirados, y de un origen y trayectoria de clase media. Vivieron en barrios tradicionales de clase media en Lima y llegaron a San Felipe luego de su jubilación. La mayoría de ellos buscaban un lugar tranquilo para vivir. Valoran mucho los parques de San Felipe, así como la cantidad de servicios disponibles, la mayoría de ellos a una distancia caminable y sin tener que cruzar una sola calle para ir a ellos. Generalmente, antes de llegar a San Felipe ya tenían familia o amigos viviendo en el barrio, así que se hacían una idea de cómo era la vida en el lugar. Se han integrado muy fácilmente a la vida y redes de adultos-mayores en San Felipe. De hecho, salvo por el hecho de que son vecinos nuevos, son similares en todos los demás aspectos a los miembros de la primera cohorte de sanfelipanos.

El segundo grupo es el de los vecinos nuevos adultos-jóvenes que vienen de origen y trayectoria de clase media. Son muy parecidos a los adultos-jóvenes vecinos antiguos. Sin embargo son, en general, de una mejor condición económica que los adultos-jóvenes vecinos antiguos que actualmente viven en San Felipe (los que se mantuvieron en San Felipe por falta de opciones). Como en el caso de los adultos-jóvenes antiguos, sus vidas están conectadas a dinámicas que ocurren fuera del barrio (familia, amigos, trabajo, recreación, etc.), y su vida de barrio en San Felipe no es tan intensa. Llegaron a San Felipe buscado "ubicación" (proximidad al trabajo o escuela de sus hijos) y evaluando las ventajas del barrio en comparación con otros (tamaño de los departamentos, parques, supermercados, etc.). Sin embargo, es también común encontrar un tono romántico en su narrativa sobre San Felipe: les atrajo de San Felipe cierta nostalgia por la idea de "vida de barrio", la "tienda de la esquina", "el restaurante del barrio" y también la arquitectura de San Felipe, que, como menciona Ernesto Camino, es "como setentera, con ese diseño modernista. Tú sabes... edificios de grandes bloques, mucho concreto, líneas rectas". Mencionan que este tipo de vida de barrio está desapareciendo en el resto de Lima, pero que aún existe en San Felipe. Por ejemplo, Luis Felipe Llanos, un consultor independiente que llegó a San Felipe hace unos tres años, menciona que lo que le gusta de San Felipe es que cuando almuerza en uno de los restaurantes del barrio, el dueño del restaurante siempre lo saluda, que conoce a varios vecinos por su nombre y se pone a conversar con ellos. A veces comparte la mesa del restaurante con alguno de los vecinos mayores, y estos le empiezan a contar historias antiguas de San Felipe. De modo similar, a Antonio Casas le gusta conocer al dueño de una bodega de su edificio y que este lo llame por su nombre y lo trate como "casero". Menciona también que le gusta ver a las personas mayores que se congregan en los quioscos a leer las portadas de los periódicos y que se animan a hablar espontáneamente sobre política o fútbol. A veces él se integra a la conversación; sin embargo, la vida atareada de estos adultos-jóvenes, en la que van de un lugar a otro de la ciudad, nos les permite tener la experiencia de barrio de los adultos-mayores. En general, su relación con personas de San Felipe existe solo con familiares y amigos que vivían en el barrio antes de que ellos llegaran (con quienes han establecido relaciones cercanas) y con vecinos de edificio (con quienes tienen encuentros cordiales, pero rápidos y superficiales). Además, les gusta la idea de la vida de barrio, poder verla, y entrar y salir de ella de forma rápida, pero no quieren integrarse. Ante todo, valoran sus redes ya establecidas de amigos y su privacidad.

La trayectoria de San Felipe

En esta sección quiero extender la noción de Bourdieu de trayectoria individual o grupal. El objetivo es usarla para el caso de trayectorias de barrios o de lugares en los espacios social y urbano. Como se mencionó, la historia de San Felipe está asociada a la del ingreso de capas sucesivas formadas por los grupos de vecinos mencionados arriba. Sin embargo, aunque en San Felipe podemos encontrar trayectorias de reproducción de clase y de movilidad social, e incluso el empobrecimiento de los adultos-mayores, la posición de San Felipe como un barrio de clase media se ha mantenido de forma relativamente estable en el espacio urbano. Acá una comparación con el caso de las ciudades norteamericanas es relevante para entender mejor lo que San Felipe nos enseña respecto del cambio o transformación barrial.

Una de las características más marcadas de las ciudades norteamericanas es que son bastante segregadas en cuanto a raza y clase (Massey y Denton 1993, Dreier et ál. 2004), lo cual refuerza la importancia de estas divisiones espaciales y la reproducción de las desigualdades entre grupos (Massey 2007, Sampson 2012). Para el caso norteamericano, Small (2004: 104-107) sugiere dos modelos para describir la ecología de sus barrios. El primero es aquel en el que las fronteras espaciales de clase y raza son estáticas. Este es el caso de lo que los sociólogos de la Escuela de Chicago llamaban "área natural" en sus varias formas (Burgess 1968). Se refiere básicamente a barrios cuya población es racialmente homogénea. En este tipo de modelo, el barrio es entendido como "estable", "saludable" u "organizado" (generalmente en el caso de barrios blancos de clase media o alta), como "guettoizado" o "desorganizado" (generalmente en el caso de barrios empobrecidos, con altos niveles de desempleo y habitados por población estigmatizada de forma negativa, por lo general población negra o latina) o como "enclave urbano" (generalmente habitado por grupos étnicos que se especializan en una actividad económica, la cual contribuye al empleo y especialización de sus residentes en dicha actividad).[14] Generalmente las fronteras espaciales estables contribuyen a que los residentes desarrollen identidades fuertes de clase o étnicas, por lo general frente a quienes consideran como "otros" o como "los de fuera".

Pero en un segundo modelo, los barrios también pueden tener fronteras fluidas, que es lo que ocurre cuando los grupos de clase o étnicos se mezclan en el espacio. La idea de una frontera fluida no implica necesariamente que las fronteras étnicas o de clase no sean importantes. Se refiere a que existen áreas en las que los individuos de distintos grupos tienen un alto grado de exposición a individuos de otros grupos. En las ciudades norteamericanas, el modelo de un barrio con fronteras fluidas está generalmente asociado con el proceso de "invasión" y "sucesión" (Burgess 1968, Wilson y Taub 2006).

---

14. Véase Logan y Molotch 1987 para una descripción detallada de estos tipos de barrios.

Nuevamente, en el contexto norteamericano, la llegada de individuos de ciertas características está asociada con la idea de lugares en proceso de "deterioro"[15] o lugares en proceso de "mejora".[16]

San Felipe no es ninguno de estos casos. La llegada de vecinos nuevos, particularmente de aquellos de otra clase o color de piel, no encaja en estos modelos. Esta transformación no sigue un patrón específico. Este cambio de la ecología de San Felipe no está asociado al proceso de movimiento o traslado de fronteras y la creación de áreas mixtas asociadas a este proceso, como es el caso de "zonas de transición" o el proceso de "invasión-sucesión". Es más preciso describir el caso de San Felipe como uno de "afloramiento" (véase figura 1). Por afloramiento me refiero al proceso en el cual los vecinos nuevos considerados como "diferentes" (en este caso los C3Nuevos) aparecen en el barrio y aumentan en número ubicándose de manera aleatoria en el espacio, sin formar ningún patrón. Los vecinos nuevos se colocan en donde encuentran viviendas, y estas viviendas no están en la frontera del barrio o aglomeradas en alguna parte; por el contrario, los vecinos nuevos están dispersos en el barrio. En el caso de San Felipe, los C3Nuevos se establecieron en donde encontraron departamentos disponibles; esto es, en cualquier edificio y en cualquier piso dentro de él. Luego de algunos años, todos los edificios de San Felipe tenían vecinos nuevos, y estos vecinos nuevos estaban dispersos por todo San Felipe, cohabitando lado a lado con los vecinos antiguos.

Los adultos-mayores antiguos de San Felipe muchas veces mencionan que el barrio está siendo "invadido" por personas nuevas, consideradas como "migrantes" o como personas "sin educación". De

15. Cuando las familias más ricas se mudan a otros lugares en la medida en que sus barrios empiezan a "deteriorarse" por la llegada de personas consideradas de menor estatus (i. e., personas más pobres o de color).

16. Cuando lugares habitados por personas de menor estatus se vuelven atractivos y empiezan a recibir personas de estatus más alto, como en el caso de la gentrificación.

Figura 2.1
MODELO DE "AFLORAMIENTO"

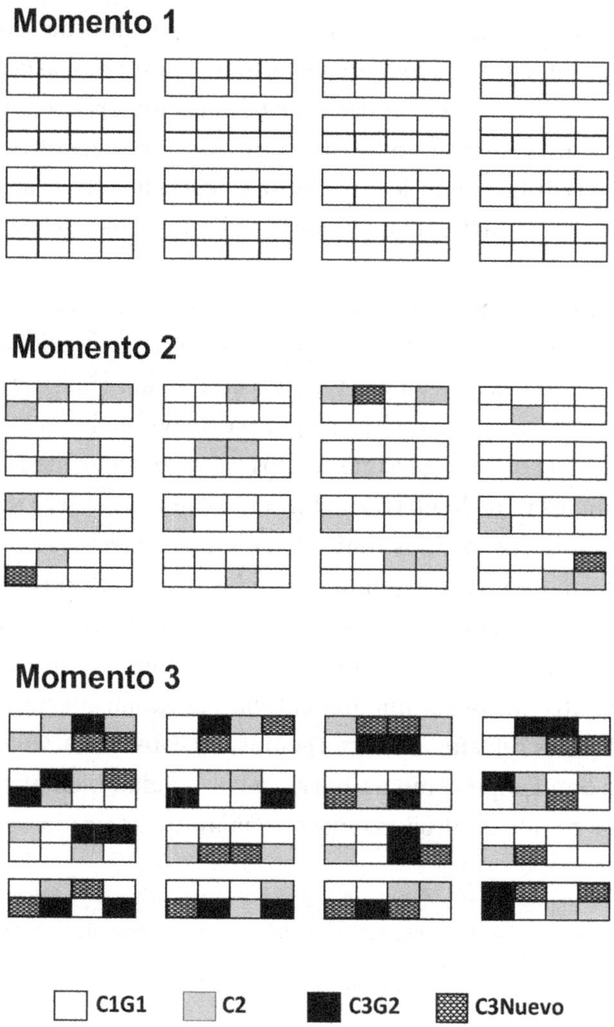

forma más marcada entre los adultos-mayores que entre los vecinos adultos, la homogeneidad social es valorada como una característica positiva de los orígenes de San Felipe. Para ellos, esta homogeneidad está relacionada con ser miembros de familias de una misma "clase" y el estatus de profesional. Como hemos visto, el estatus de profesional para estas cohortes de sanfelipanos está comúnmente asociado con otras características personales consideradas importantes, como tener un alto nivel educativo (esto es, ser una persona cultivada, leer periódicos regularmente, leer literatura,[17] escuchar "buena" música[18] y hablar de forma articulada) y, sobre todo, ser personas de "buenos modales".

Al preguntar por San Felipe en sus primeros años, los adultos-mayores mencionan que la homogeneidad entre los residentes permitía la existencia de valores y un estilo de vida compartidos que hacían de la residencial un buen lugar para vivir. Por ejemplo, Renato Loza afirma que las personas en los primeros años de San Felipe eran cordiales y "de buen trato". En consecuencia, refiere que en los primeros años los vecinos tenían una buena relación entre ellos y participaban de forma espontánea en las organizaciones locales y sus reuniones. Sin embargo, estas reuniones no eran solo de carácter pragmático. Los adultos-mayores normalmente las recuerdan como "eventos sociales" que fomentaban la camaradería y la creación de buenas relaciones entre vecinos. De este modo, siempre han sentido a San Felipe como un barrio y comunidad bien organizada. Sin embargo, los adultos-mayores señalan que la cada vez mayor

---

17. Esto se refiere básicamente a autores del *boom* latinoamericano de los sesenta, principalmente Vargas Llosa, García Márquez, Bryce Echenique, Sábato y Ribeyro. Algunos vecinos también mencionan a Flaubert, Dumas y Dostoyevski entre sus favoritos.

18. Esto se refiere principalmente a boleros, música criolla, baladas latinoamericanas y en algunos casos música clásica, pero definitivamente no chicha ni reguetón.

presencia de vecinos nuevos está cambiando al barrio de una forma negativa, como si se estuviera "deteriorando".

Como se afirmó antes, el color de piel (particularmente la presencia de rasgos indígenas) es aún una marca importante de origen social y de estatus. Sin embargo, dados los procesos de mestizaje y de movilidad social, el clivaje o frontera de color de piel (particularmente en el estrato intermedio de la sociedad y sobre todo entre los adultos-jóvenes) no es tan fuerte o relevante como en el caso norteamericano. En este caso, aunque las personas pueden ser (y son) clasificadas en un continuo de color, el color y el estatus siempre son negociados en las interacciones. En consecuencia, en San Felipe, tanto los vecinos antiguos como los nuevos se mueven en la ambigüedad de ser todos mestizos, pero al mismo tiempo están muchas veces preocupados por estos marcadores de estatus (incluyendo al color de piel). Aun así, los vecinos nuevos siempre son considerados como portadores de rasgos más indígenas y, en consecuencia, como "migrantes", y no como parte de la "clase media tradicional".

Los cambios actuales en la forma de urbanización también han contribuido a la mayor proximidad espacial entre grupos. Como se mencionó en el capítulo 1, en décadas anteriores las élites se movieron a áreas más distantes de la ciudad en búsqueda de exclusividad y aislamiento, seguidos en su camino por las clases medias. Este patrón de segregación de gran escala permitía que los grupos socioeconómicos se mantuvieran distantes en el espacio, particularmente en el caso de las élites y los grupos más pobres (Driant 1991, Pereyra 2006). Sin embargo, este patrón parece estar empezando a debilitarse en las últimas décadas por dos motivos. Primero, la transformación de gran escala en el proceso de urbanización de Lima. Mientras las élites continúan moviéndose hacia áreas más distantes de la ciudad (como La Molina y más recientemente Lurín, e incluso generando pequeños enclaves en las playas del sur de Lima), también existe un nuevo proceso de densificación en la ciudad (Gonzales de Olarte et ál. 2011), por el cual, principalmente debido a un programa exitoso de vivienda promovido por el Estado dirigido a familias jóvenes de clase media (Mi Vivienda), casonas antiguas y otras casas medianas ubicadas en varios de los barrios de clase media tradicional han sido demolidas para construir nuevos edificios de departamentos. En este nuevo contexto, las clases medias contemporáneas no han seguido alejándose de la zona central de la ciudad para conseguir vivienda. Por el contrario, han encontrado una gran oferta de vivienda en los mismos distritos en donde vivían. Entonces, el valor del suelo en estos distritos no ha bajado de valor, sino que ha aumentado considerablemente. Segundo, la ya mencionada dislocación de la tradicional asociación entre nivel socioeconómico y color de piel se refleja en que en las áreas de la ciudad ocupadas por la clase media tradicional aparecen nuevos vecinos que pueden ser considerados de "origen popular", pero de hecho no pertenecientes a "otra clase", sino de la misma (pero nueva) clase media. En consecuencia, barrios tradicionales de clase media como San Felipe no se han deteriorado. Por el contrario, la llegada de familias jóvenes con ingresos más altos que los de las familias mayores ha contribuido a preservar el estatus de clase media de estas áreas. Al respecto, el cuadro 2.1 muestra el ingreso promedio de los grupos en San Felipe. Como se mencionó, aunque los adultos-mayores consideran la llegada de vecinos nuevos como señal de deterioro, es claro que los adultos-jóvenes en San Felipe tienen ingresos más altos que los vecinos mayores, quienes, luego de la jubilación, están en proceso de empobrecimiento.

Cuadro 2.1
INGRESO DE LOS ENTREVISTADOS (POR GRUPO)*
(dólares de marzo de 2013)

GRUPO	C1G1	C2	C3G2	C3NUEVOS
Ingreso (promedio)	464,25	731,25	901,86	824,60

* Ingreso del hogar / n.° de miembros del hogar

San Felipe está ahora rodeado por nuevos edificios de departamentos que reemplazan a las antiguas casonas y chalés que antes lo rodeaban. Como en el resto de Lima, el precio de los departamentos en San Felipe ha aumentado sustantivamente, de US$ 30.000 a inicios de los años noventa a US$ 130.000 en 2011 (el año del trabajo de campo para esta investigación) y a US$ 180.000 en 2014.[19] Con alguna variación, ese es el precio que los vecinos nuevos tuvieron que pagar para vivir en San Felipe. Este es de hecho un indicador de la capacidad de gasto de los vecinos nuevos, incluyendo a los que vienen de una trayectoria de movilidad social ascendente. Y del mismo modo en que San Felipe está recibiendo vecinos nuevos, los otros distritos tradicionales de clase media en Lima reciben también vecinos nuevos con la aparición de edificios de departamentos.

Es por eso que, a pesar de este proceso de transformación de la ecología del barrio, propongo que San Felipe se mantiene estable en el sentido en que continúa siendo un barrio de clase media; una clase media más heterogénea, por cierto. Como la clase media en general incorpora ahora individuos de distintos orígenes y trayectorias —de forma más visible familias con una trayectoria de movilidad social ascendente que a veces tienen ingresos más altos que las familias de clase media tradicional—, dicho proceso puede observarse también en San Felipe.

* * * * *

He esbozado diferentes trayectorias que han seguido distintas personas para encontrarse en una posición de clase media y optar por San Felipe como un lugar para vivir. He propuesto que aunque estos individuos o grupos convergen en la clase media y en San Felipe, estos no han formado un nuevo grupo homogéneo. Por el contrario, como veremos en el próximo capítulo, el origen social (asociado a rasgos físicos y forma de comportarse) es usado como una fuente

---

19. Cuando escribía este libro para su edición en inglés.

de diferenciación entre sanfelipanos. Más explícitamente, individuos de distintas trayectorias pueden converger en la clase y lugar de residencia, pero la forma como estos individuos evalúan a "otros" varía.

He sugerido que el barrio en sí mismo tiene una trayectoria a ser considerada. Al esbozar esta trayectoria he propuesto un modelo nuevo de transformación al que he llamado "afloramiento". Este modelo funcionaría en situaciones en donde las fronteras (de color de piel, de clase y otras) existen, pero no de forma tan marcada como en sociedades con altos niveles de segregación racial y residencial, que separan notablemente a los grupos en el espacio físico. En el caso de San Felipe, en este contexto de transformación de la clase media y donde las fronteras de color de piel son relativamente difusas, el acceso a los departamentos no tiene más restricciones que su precio. Sin embargo, los vecinos más antiguos perciben un cambio y en algunos casos un "deterioro" en el barrio. Sin embargo, la posición de San Felipe como barrio de clase media se mantiene.

Capítulo 3

FRONTERAS: SANFELIPANOS EVALÚAN A SUS VECINOS

He mostrado que los vecinos de San Felipe, aunque coinciden en el mismo barrio, no han tenido la misma trayectoria dentro de la clase media. He sugerido que los sanfelipanos ven rasgos personales (como color de piel, acento al hablar, modales, comportamiento) como señales que les permiten hacer inferencias sobre las trayectorias de otros. Pero ¿los sanfelipanos evalúan a otros solo como diferentes o distintos o los evalúan de acuerdo con un contínuum de estatus? Y si es así, ¿cómo lo hacen? ¿Sobre la base de qué criterios? ¿Y todos los sanfelipanos hacen evaluaciones siguiendo los mismos criterios? Estas son las preguntas que guían este capítulo. A un nivel más teórico, la pregunta que se quiere responder acá es ¿qué *fronteras* resaltan los sanfelipanos como importantes para identificarse con otros como iguales y para diferenciarse de otros? Por fronteras me refiero a las líneas invisibles que son consideradas como importantes para establecer distinciones, para clasificar y para organizar el mundo exterior (Lamont y Molnar 2002). En el mundo social, la fronteras pueden ser simbólicas (distinciones de orden cognitivo o de percepción) o sociales (distinciones que son objetivadas, eso es, asociadas con el control de algunos recursos clave que dan forma a desigualdades y exclusiones).[1] En este capítulo exploro el mundo de las fronteras simbólicas y su relevancia (o no) para los vecinos de San Felipe. Pongo especial atención en la frontera moral, la cual es considerada por los sanfelipanos como central para evaluar el "valor" de las personas. En consecuencia, exploro más en detalle la forma como los sanfelipanos determinan tal valor y cómo esta definición establece el criterio para evaluar a los otros.

En este capítulo quiero mostrar que el valor (y en consecuencia el estatus) no tiene una sola definición compartida por individuos que ocupan una misma posición en el espacio social.[2] Además, usando el caso de San Felipe, quiero extender la teoría de las fronteras sociales afirmando que el valor no se define desde la posición del grupo en el espacio social (i. e., por ocupación, etnicidad, género y otros), sino además por su trayectoria, la cual contribuye a la selección de elementos que constituyen la noción de valor, a su vez que amplifica o disminuye la relevancia de características asociadas a él. Los esquemas cognitivos compartidos (i. e., fronteras simbólicas) son el resultado no solo de la posición del grupo, sino también de su trayectoria compartida. En este capítulo considero a las fronteras

---

1. Véase también Barth 1969; Lamont 1992, 2000; Tilly 1999, 2005; Alba 2005 y Wimmer 2008, 2013.

2. Durkheim entiende a los esquemas clasificatorios como producidos socialmente (Durkheim y Mauss 1967, Durkheim 1995) y en sociedades complejas sobre la base de la posición (ocupación) en la división social del trabajo (Durkheim 1997). De modo similar, Bourdieu menciona que los diferentes "principios de visión y división" (*habitus*) emergen de la posición en el espacio social (1985, 2000), pero, como critica Lamont (1992, 2000), él sugiere que la moralidad y el valor son nociones comunes a todos los grupos dado que todos tienen una comprensión compartida de lo que es el capital simbólico. Finalmente, Lamont (1992, 2000) estudia las definiciones de moralidad enfrentadas, así como la importancia de ciertas fronteras sobre la base de la posición (posición definida por clase, raza y nivel de urbanización), pero no explora variaciones en el interior de un grupo o una clase.

simbólicas como una parte central del aparato cognitivo del *habitus*, las cuales, en tanto tal, están moldeadas por la posición en el espacio social, pero también son formadas, acomodadas y reacomodadas a lo largo de una trayectoria. Las fronteras son importantes en mi proposición principal sobre los grupos de clase media, dado que a partir de ellas las personas evalúan a otras y, en consecuencia, se identifican con otras consideradas como similares, formando un "nosotros", y con otras consideradas como distintas, formando un "ellos". También se espera que las interacciones entre individuos sean distintas sobre la base de estas distinciones y evaluaciones.

La importancia de las fronteras para los sanfelipanos

Entrevisté a sanfelipanos de distintas edades, sexos y trayectorias, y les pregunté sobre la importancia de ciertas fronteras (i. e., ocupación, color de piel, educación, moral, generación y ser un vecino antiguo o nuevo). Como se esperaba, respecto de la idea de que las fronteras simbólicas se forman y son comunes entre individuos que comparten una posición social y trayectoria, se encontraron regularidades entre individuos de los grupos descritos anteriormente. Para cada una de estas fronteras hice preguntas para encontrar si estas eran importantes para clasificar a las personas, si dicho rasgo era importante para asignar valor o estatus a las personas, si se sienten cercanos o distantes a otras personas en relación con dicha característica y si tenían relaciones cercanas (de amistad o familiares) con personas consideradas como diferentes respecto de dicho rasgo. A partir de estas preguntas, me fue posible encontrar qué tan importantes eran cada una de estas fronteras para cada uno de estos grupos. Sin embargo, más allá del objetivo de determinar y medir la importancia de determinadas fronteras, también invité a mis entrevistados a desarrollar sus respuestas. De este modo, pude entender el contenido que los individuos otorgan a estas fronteras. El cuadro 3.1 muestra qué tan relevantes son cada una de estas fronteras para los sanfelipanos.

Cuadro 3.1
LA RELEVANCIA DE LAS FRONTERAS PARA LOS SANFELIPANOS
(valores modales)

	C1G1	C2	C3G2	C3NUEVOS
Clase (ocupación)	Medio	Medio y alto	Alto	Bajo
Color	Bajo	Bajo	Bajo	Bajo
Educación	Medio y alto	Medio y alto	Medio	Bajo y alto
Moral	Alto	Alto	Medio	Alto
Generación	Medio y bajo	Medio y bajo	Alto y bajo	Medio
Vecino antiguo/nuevo	Alto	Medio y alto	Alto	Medio y bajo

Como en los estudios de Lamont sobre las clases medias y trabajadoras de Francia y Estados Unidos (1992, 2000), encontré que para los sanfelipanos la marca más importante para establecer diferencias es la moralidad, aunque lo que se entiende por esta no es algo compartido por ellos. Hallé que, extendiendo los resultados de Lamont, el valor se define no solo con base en la posición de grupo en el espacio social (i. e., por clase, etnicidad u otros), sino también por trayectorias de grupo en el interior de una misma clase. La trayectoria contribuye a la selección de elementos que constituyen el valor y amplifican o disminuyen la relevancia de ciertos rasgos que lo definen.

Definiciones contrapuestas de valor en las clases medias

Los sanfelipanos consideran que las distinciones propiamente de clase son secundarias. Todos mis entrevistados reconocen que existen diferencias económicas objetivas cuando se comparan con los más ricos y con los pobres. Sin embargo, resaltan que la "moralidad" es lo que realmente diferencia a las personas. Los adultos-mayores (C1G1) y los adultos (C2) de forma mucha más enfática que los adultos-jóvenes (C3G2 y C3Nuevos) creen que existen rasgos de inmoralidad muy enquistados entre los más ricos (i. e., frivolidad, sentido de superioridad y falta de cuidado de sus hijos y familias en general) y en los pobres (i. e., flojera, falta de civilidad y modales, y falta de cuidado de sus hijos). Esta evaluación es distinta a la que presentan los adultos-jóvenes. Para ellos, las diferencias económicas son marcadores importantes de diferencia entre las personas. Sin embargo, tanto los adultos-jóvenes antiguos y nuevos se ven a sí mismos como "gente que trabajo duro", y por ello superiores a los más ricos, que "todo les vino por la familia" y "no tuvieron que trabajar para estar donde están"; y ven a los pobres como "flojos", "dejados" o proclives a tener una "actitud negativa".

Al compararse con sus vecinos, los miembros de cada grupo de sanfelipanos creen tener mayor valor que sus vecinos de otros grupos, y enfatizan algunos aspectos de la moralidad que definen su carácter y comportamiento, mientras que disminuyen el valor de otros. Como parte de la entrevista, pedí a los sanfelipanos que desarrollen lo que entienden por moralidad y definan las características de una persona "con valor". El cuadro 3.2 muestra las características que sanfelipanos de distintos grupos asocian con "valor" y "moralidad". Encuentro que las trayectorias de grupos están asociadas de forma consistente con distintos principios de evaluación. Como puede verse, los adultos-mayores y adultos definen el valor de las personas en términos de lo que llaman "educación de hogar", mientras que los adultos-jóvenes antiguos y nuevos definen el valor de las personas en términos de orientación cívica, trabajo y logro.[3]

Grupos con una trayectoria sólida de clase media (vecinos antiguos) resaltan que lo más importante a la hora de evaluar el valor de las personas es lo que llaman "educación de hogar". Sin embargo, esta proposición es enfatizada con mayor fuerza y frecuencia

3. Para evitar confusiones, debo señalar que el hecho de que un grupo valore una dimensión del valor más que otras (i. e., orientación al trabajo en comparación con la educación de hogar, o viceversa) no significa que nieguen el valor de otros aspectos de la moralidad. Lo que esto significa es que un grupo privilegia u otorga más énfasis a una dimensión que a otra.

Cuadro 3.2
DIMENSIONES DE VALOR

	C1G1	C2	C3G2	C3NUEVOS
Educación de hogar tradicional				
Valores católicos (creer en Dios, amor por el prójimo)	+ + + + +	+ +	+ +	
Honestidad	+ + +	+ +	+	
Austeridad	+ + +	+		
Tener buenos modales	+ + + + +	+ + + + +	+	+
Orientación cívica				
Orientación al diálogo			+ +	+ +
Apertura a la diversidad de clases		+	+ + + +	+ +
Respeto a las diferencias / tolerancia	+	+	+ + + +	+ + + +
Orientación al trabajo				
Ser trabajador	+ +	+	+ + + + +	+ + + + +
Ser reconocido en su trabajo	+ +	+	+ + + +	+ + +
Deseo de superación	+		+	+ + +

+ + + + + Siempre mencionado   + Raramente mencionado

entre los adultos-mayores y adultos que entre los adultos-jóvenes antiguos. La idea de "educación de familia" se asocia a algunos elementos de la moralidad católica tradicional (i. e., amor a Dios, amor al prójimo, moderación, honestidad e integridad personal) y con ser considerado una persona "decente", que en este contexto significa tener un buen cuidado de su persona (i. e., vestirse bien, hablar bien y ser culto, todos ellos elementos que contribuyen a que una persona sea "honorable"), y, sobre todo, "tener buenos modales" (i. e., vivir de una forma moderada, saludar a los vecinos y tener respeto por los mayores). Tener "educación de familia" es considerado importante porque supone carácter y disciplina, pues mediante aquella un individuo muestra que tiene una base de principios bien definidos en su vida.

El valor de la educación formal en relación con los años de estudios, diplomas o certificados fue minimizado al compararse con la educación de hogar. Esto no significa que la educación formal no sea importante. Para los adultos-mayores y adultos, la educación formal no otorga "valor real" a las personas. Rosa Sologuren, una profesora retirada, compara la educación formal y la educación de hogar de este modo:

> Para mí, el nivel educativo de mis vecinos no es importante. Claro, la educación de la universidad es importante, pero la verdadera educación se da en casa; porque hay mucha gente que no son profesionales, pero que son excelentes personas. Lo que la universidad y los estudios te dan en general es otro tipo de educación; educación para ser profesional, pero los valores se enseñan en el hogar. Para mí eso es lo importante. Ahora, si además mis vecinos son profesionales, bueno, ¡aleluya!

Como en el caso de la clase social, los sanfelipanos mencionan que la educación-formal no es suficiente para que una persona sea de valor, sino que provee conocimiento y habilidades que tienen valor en el mercado y en consecuencia facilitan la obtención de un mejor trabajo. Sin embargo, ello no da "valor real" a las personas. De hecho, aunque la educación formal avanzada está a disposición de unos cuantos, la educación de familia se considera como accesible para todos y como la verdadera medida de las personas. Edith Tapia, una profesora en actividad, explica:

> [...] a veces hay gente que es muy humilde, que no tienen mucha escuela, como se dice; pero que han sido tan bien educadas en sus hogares, que han aprendido normas y modales, que saludan, y que con su modestia saben cómo comportarse en público, ¿cierto? [...]. Pero también hay personas con cincuenta diplomas, con maestrías en esto y aquello, y que vivir con estas personas es imposible porque son personas que se sienten superiores, y que cuando tienen que hablar con otras personas sienten como que no están a su nivel; o quizás es porque viven en un mundo tan ocupado que quizás ya ni te escuchan, y cuando te contestan lo hacen de una forma que te dejan en la nada y confundido. O dicen que tienen cincuenta diplomas. Entonces lo que pienso es que deberían ser personas más amables, más educadas, nada más. No necesariamente profesionales, sino gente educada.

De modo similar, los grandes empresarios, los políticos tradicionales y los artistas son mencionados frecuentemente como personas con muchos estudios y diplomas, pero no como personas de valor, pues se les asocia con escándalos de corrupción, el quebrantamiento de reglas morales o el descuido en la crianza de sus familias e hijos.

Los adultos-jóvenes (tanto vecinos antiguos como nuevos) valoran más lo que agrupo bajo la categoría de "orientación cívica" y tienen una mejor valoración de la educación formal. En el mundo más competitivo en el que viven, saben que la educación formal y los diplomas son más importantes que nunca. Sin embargo, como los adultos-mayores, consideran que la educación formal no hace mejores a las personas. Para los adultos-jóvenes, el valor de las personas viene de los valores enseñados en el hogar, aunque estos valores no son los mismos que los señalados por los adultos-mayores.

Hernando Flores, un ingeniero y vecino nuevo, define la educación del siguiente modo:

> Para mí educación no es solo que hayas acabado el colegio o la universidad. Hay personas que son profesionales y que son una basura. Así de claro. Cuando hablas con alguien y te das cuenta de que es una basura, que es intolerante, que no tiene ninguna ética o modales... Entonces, para mí, eso va más allá de tener un título profesional. Prefiero a la gente educada, que es más que ser profesional [...]. Es decir, educación en un sentido amplio, de ser respetuoso con los demás, estar abierto a escuchar las opiniones de otros, estar abierto a recibir críticas, creo que ese es el verdadero significado de educación; la capacidad de escuchar a otros, de discutir de buena manera sin entrar a pelearte, y respetar los acuerdos que se hacen.

Como Hernando Flores, los adultos-jóvenes en San Felipe definen la educación como asociada a valores liberal-democráticos, apertura al diálogo, tolerancia y respeto por las diferencias. Los adultos-jóvenes creen que los adultos-mayores y adultos están por lo general opuestos a estas ideas. De este modo, consideran a los mayores (particularmente a los adultos-mayores) como "demasiado conservadores", "poco abiertos a aceptar que la sociedad ha cambiado" (hacia valores más liberales e igualitarios) y de tener una "mentalidad jerárquica" (a veces racistas).

Los adultos-jóvenes (antiguos y nuevos) valoran más el trabajo duro y el logro personal que sus vecinos mayores. Ellos creen que la posición de las personas en la sociedad debería basarse más en sus propios méritos. Esta aptitud está asociada a los distintos contextos en que se han socializado estos grupos, los que han formado sus orientaciones: mientras que los miembros mayores de la clase media tradicional crecieron en una sociedad más jerárquica, donde la clase y el color de piel estaban vinculados a determinadas posiciones, los más jóvenes crecieron en una sociedad en las que las jerarquías tipo casta se debilitaban, mientras que la meritocracia era más valorada. Para los más jóvenes, el verdadero valor de las personas se basa principalmente en tener una actitud proactiva hacia el trabajo y la vida en general. De este modo, el carácter moral, para los adultos-mayores, se forja en un nivel más práctico: con base en lo que las personas hacen y lo que han logrado en sus vidas, y no respecto de lo que recibieron (en cuanto a bienes materiales u oportunidades) de sus padres. Como otros jóvenes, Vanesa Portugal, una adulto-joven vecina antigua que trabaja como secretaria al mismo tiempo que estudia en la universidad, describe a una persona de valor del siguiente modo:

> Una persona con una buena actitud, una persona que siempre está pensando en mejorarse y seguir adelante, una persona que siempre aprende de sus errores, que es tolerante, una persona que siempre piensa en ser exitoso. Esa es una persona que tiene una buena vida, o al menos intenta, que no se deja vencer. Es más que algo económico, ¿sabes? El dinero va y viene.

De este modo, los adultos-jóvenes en general están más dispuestos a valorar a una persona por su esfuerzo personal que por su origen, una postura que incluye tanto a los ricos como a los más pobres.

Orientación hacia el trabajo y recibir reconocimiento por él (es decir, ser considerados buenos en su profesión) son cualidades que los adultos-jóvenes antiguos y nuevos valoran bastante. Sin embargo, los vecinos nuevos aparecen como más ambiciosos en su deseo de sobresalir que sus pares vecinos antiguos. Nuevamente la trayectoria parece estar asociada con este mayor énfasis: aunque ambos grupos viven en un mundo competitivo, los vecinos nuevos presentan más claramente sus trayectorias individuales de movilidad social como ejemplo de lo que el temperamento y el esfuerzo personal pueden hacer para mejorar la propia vida. De modo similar, resaltan su trayectoria y esfuerzo como forma de diferenciarse de los que se quedaron atrás y no mejoraron su posición. Como hacen otros vecinos nuevos, Luis Paz, cuyos padres nacieron en Cajamarca y creció en Independencia, se pone como ejemplo de ética de trabajo y logro personal:

> Cuando era chico yo ya tenía un proyecto de vida. Siempre pensaba qué iba a hacer cuando sea adulto, eh, que quisiera tener dinero, que quisiera... todas esas cosas, tener una buena familia... y me causaba preocupación porque no vengo de una familia acomodada. Entonces todo eso me preocupaba desde los 12 o 13 años. Bueno, no creo que esta imagen sea inapropiada, pero soy una persona que se hizo a sí mismo. Todo lo que he logrado lo hice yo solo, sin la ayuda de nadie. Logre todo, o lo que tengo, solo, sin la ayuda de mis padres o de mis hermanos; todo por mí mismo.

Como nos muestra Luis Paz, esta es la forma en que los vecinos nuevos encuentran autoestima a pesar de no ser bienvenidos por los sanfelipanos tradicionales, quienes, como mencionan otros vecinos nuevos, "te ven por encima del hombro" y "siempre están chismeando sobre quién eres", refiriéndose a si son "migrantes" o "nueva clase media".

De modo similar, los vecinos nuevos son más materialistas que los adultos-mayores, adultos y adultos-jóvenes antiguos. Nuevamente, aunque no consideran al dinero o al éxito económico como lo más importante en la vida, los tienen por importantes que otros grupos. Camilo Ames, un vecino nuevo al que ya conocimos más arriba, describe una buena vida del siguiente modo:

> Tener un buen ingreso, educar bien a los chicos, no estarse peleando con todo el mundo, resolver tus problemas de una forma civilizada. Eso sería una vida feliz: no tener problemas, no tener problemas económicos. Eso es importante. Aunque el dinero no trae la felicidad, sí te ayuda a evitar tener problemas y estarte peleando con la gente, especialmente por cosas tontas.

Para los vecinos nuevos, el dinero no es algo que pueda considerarse como algo dado, como lo es para los otros grupos. Por el contrario, a partir de su propia experiencia, la falta de dinero genera problemas en la familia y ciertamente limita las posibilidades. Además, debido a su mayor orientación hacia el trabajo y su mayor deseo de sobresalir, así como el rol que el éxito económico ha jugado en la consolidación de su autoestima, para los vecinos nuevos no es realista ignorar el valor del dinero en la vida. De hecho, el dinero es importante para garantizar un nivel de vida razonable; primero para lidiar con la vida diaria y luego para que sus hijos continúen con la trayectoria que ellos iniciaron. El dinero y los símbolos de estatus son señales importantes de logro. En buena parte, ellos son lo que han logrado en la vida, lo que es también una razóm importante para afirmar su sentimiento de dignidad.

Los vecinos nuevos: el orden en cuestión

Aunque no encontré un único sistema clasificatorio compartido entre los sanfelipanos, los esquemas de clasificación por grupo son la base desde la cual los individuos evalúan y organizan el mundo exterior. De este modo, nociones como estructura,[4] así como orden y desorden, se definen en relación con cada grupo. A partir de estos sistemas clasificatorios de grupo quiero explorar cómo los vecinos antiguos de San Felipe evalúan a otros, particularmente a aquellos cuyos atributos, valores y comportamientos son considerados de menor valor y peligrosos para su sentido del orden: los vecinos nuevos (C3Nuevos). Aunque otros grupos de sanfelipanos también pueden ser considerados como peligrosos para su sentido del orden, siempre son estos vecinos nuevos los que son tenidos no solo como de menor valor, sino como poseedores de un mayor potencial "contaminante", lo que los hace, en consecuencia, más peligrosos.

---

4. Me refiero a *estructura* en la forma en que la antropología estructural le da al término; esto es, "estructura mental" o la forma como la cultura de un grupo organiza categorías de percepción y clasificación para entender al mundo. Véase Durkheim y Mauss 1967, Durkheim 1995, Lévi-Strauss 1968 y Douglas 2006.

Siguiendo a Douglas (2006), quiero señalar cómo algunos valores, actitudes y acciones encarnadas en ciertos individuos o grupos desafían al orden y son considerados entonces como "sucios". Para Douglas, la suciedad o la polución existen en tanto haya una estructura clasificadora definida que diferencie lo limpio de lo sucio. De este modo, "limpio" y "sucio" son términos relativos a la cultura del grupo. Siguiendo esta aproximación, "suciedad" puede definirse como cosas "fuera de lugar" (2006: 50). En el caso de San Felipe, los vecinos nuevos generalmente son considerados por los vecinos antiguos como "sucios", tanto en sentido literal (en relación con la higiene), como en sentido social (en cuanto a que ignoran las convenciones sociales en relación con modales malos, pero también inmorales). Pero la idea de cosas "fuera de lugar" también puede ser interpretada en un sentido más literal para el caso de los vecinos nuevos: dado su origen y trayectoria, son considerados como no pertenecientes, como "clase media no auténtica".

Como muestra el cuadro 3.1, todos los grupos de vecinos antiguos de San Felipe perciben fuertes diferencias entre ellos y los vecinos nuevos. Sin embargo, para los vecinos nuevos estas diferencias son menos importantes. De hecho, como se mencionó antes, los vecinos nuevos se consideran tan clase media como los vecinos antiguos y tan limeños como los limeños tradicionales. En San Felipe, la mayoría de vecinos antiguos atribuyen a los vecinos nuevos menor valor. No obstante, la manera en que los vecinos nuevos son entendidos, los motivos para minusvalorarlos y la forma como estas características se ensamblan varían de grupo en grupo.

No obstante, la intensidad de las antipatías contra los vecinos nuevos y la medida en que son considerados inferiores depende no solo de la persona que hace la evaluación, sino también de la imagen y presentación del evaluado. De este modo, como sugiere Goffman (1959), la presentación de la persona en público (en relación con sus atributos y las marcas que lo definen) es considerada como evidencia del tipo de persona que es, en relación con la cual los otros la clasifican como parte de una categoría y se vinculan con ella en función de esos supuestos.[5] Como se mencionó en capítulos anteriores, el color de piel y las señas de clase y lugar de origen son considerados elementos centrales a la hora de clasificar a las personas en categorías y posiciones sociales (Nugent 1992, Portocarrero 1995, 2007, Bruce 2007). De este modo, cuanto más se asocia al vecino nuevo con la "imagen icónica del migrante"[6] —es decir, de color cobrizo y rasgos indígenas, que trabaja como comerciante, que no se viste como un profesional que trabaja en una oficina y sea más informal y sus modales menos refinados (como hablar con acento o poner poco cuidado en su persona)—, más será considerada esta persona como de menor estatus. Del mismo modo, cuando esta imagen icónica del vecino nuevo se vincula con casos reales de vecinos nuevos, esta configura una mirada generalizadora que lo estigmatiza.[7] De hecho, varios vecinos nuevos que no encajan con

5. Sobre el rol de los símbolos de estatus de clase en la presentación de la persona, véase Goffman 1951.

6. Aquí tomo prestado el término "imagen icónica" de las categorías de Anderson "negro icónico" y "gueto icónico" (Anderson 2011, 2012). Como el "negro icónico" y el "gueto icónico", el "migrante icónico" y la "barriada icónica" son imágenes altamente estigmatizadas que evocan desorganización. Al igual que el gueto icónico, la barriada icónica se considera como un área de alta pobreza y criminalidad. A la par que el "negro icónico", el "migrante icónico" es considerado un producto de su ambiente, que lo hace incivilizado y peligroso. Sin embargo, cuando tomo prestada esta categoría también tengo que señalar que los grupos raciales o de color de piel no están tan claramente construidos como en el caso de los Estados Unidos. Por el contrario, existe un contínuum de color construido a lo largo de un proceso histórico de matrimonios interraciales y mestizaje. De modo similar, la desigualdad categórica y la segregación residencial debido al color en el Perú no son tan perversas como en Estados Unidos. Estas condiciones hacen que sea más fácil para la segunda y tercera generación de migrantes asimilarse en la clase media y en los barrios de clase media que para los afroamericanos en Estados Unidos. Sin embargo, como se mencionó, en el Perú se ejerce una fuerte discriminación contra las personas de rasgos indígenas marcados, principalmente debido al color y acento (Galarza 2012). Cuando están en la ciudad, esta es la población a la que me refiero con la frase "migrante icónico".

7. Me refiero a estigma como lo define Goffman: "el término estigma [se refiere] a un atributo que es altamente denigrante, pero debe notarse que un sistema de

estos rasgos, signos y maneras asociadas al migrante icónico son considerados como clase media tradicional. De modo similar, a causa de estas marcas, algunos vecinos nuevos de clase media tradicional son considerados de origen migrante.

Aunque el color de piel aparece siempre asociado como parte de la ecuación a la hora de evaluar el estatus del vecino nuevo, la forma como este rasgo es usado como marca de estatus varía para cada grupo. Los adultos-jóvenes antiguos generalmente niegan o minimizan la importancia del color de piel como marca de estatus. Para ellos, el color de piel per se no define el valor de la persona, sino los modales y la menor educación, asociados a la clase y lugar de origen (barrio o región). Sin embargo, suelen elaborar una explicación de tipo sociológica: como ellos dicen, "ocurre" que las personas de rasgos indígenas ocupan o vienen de los estratos más bajos de la sociedad y tienen menos recursos y menores oportunidades. Al crecer en estas condiciones, se considera que son menos educados y tienen "menos trato" que los vecinos de clase media tradicional. Por el contrario, vecinos antiguos adultos-mayores (y con más intensidad en el caso de las mujeres y de aquellos cuyo estatus se ve más devaluado) evalúan de modo más explícito a las personas de rasgos más indígenas como de "una cultura distinta" y "menos civilizada". Incluso, en algunos casos consideran el menor valor de estas personas como un "hecho natural". El cuadro 3.3 resume los atributos adscritos a los vecinos nuevos por parte de los grupos de vecinos antiguos.

Más comúnmente los adultos-mayores, pero también algunos adultos, evalúan a los vecinos nuevos con un esquema que asocia fuertemente los rasgos indígenas o cholos con ser migrante o menos civilizado. De este modo, en la medida en que el vecino nuevo

---

relaciones, no de atributos, es lo realmente importante" (1986: 3. Traducción mía.). La estigmatización se refiere a este conjunto de relaciones que hacen que un atributo sea central como marca de la identidad de la persona.

Cuadro 3.3

Atributos de los vecinos nuevos

	C1G1	C2	C3G2
Origen			
Son migrantes o crecieron en barriadas	+ + + +	+ +	+
Vienen de barrios pobres	+	+ + +	+ + + +
Cultura			
Son incivilizados/no respetuosos	+ + + + +	+ + + + +	+ + + + +
No son profesionales (son comerciantes)	+ + +	+ +	+ +
Es difícil comunicarse con ellos y llegar a acuerdos	+ + +	+	
No participan en las organizaciones locales/tienen poco compromiso con San Felipe	+ + + +	+ +	+ +

+ + + + + Siempre mencionado + Raramente mencionado

aparece como similar a la imagen del "migrante icónico", más será considerado como de menor valor. Detrás de esta asociación existe, en mayor o menor medida, un discurso racista que articula esta relación. Algunos adultos-mayores y adultos son más abiertamente racistas que otros, mientras que algunos son más condescendientes con los vecinos nuevos. A pesar de estas diferencias, me referiré a estos vecinos como representantes de un discurso racista para resaltar la centralidad que este le asigna al color de piel. Adultos-mayores con un discurso racista, más que cualquier otro grupo, señalan el ser migrante como una característica central de los vecinos nuevos, pero esta imagen los representa como migrantes de primera generación llegados directamente de zonas rurales y que crecieron en pueblos jóvenes. Por otro lado, adultos con un discurso racista señalan que los vecinos nuevos son de origen migrante, pero mencionan también que son migrantes de segunda o tercera generación que crecieron en pueblos jóvenes. Más aún, los adultos-mayores con un discurso racista generalmente describen a los barrios en donde vivían los vecinos nuevos antes de venir a San Felipe como los pueblos jóvenes de décadas atrás (barriadas en el medio del desierto o en "la punta del cerro", pobladas de chozas de esteras, sin servicios básicos, en medio de la pobreza extrema), como si estos barrios y sus residentes no hubieran cambiado a lo largo de las décadas. Los adultos con un discurso racista reconocen que estas áreas de origen informal han mejorado sus condiciones de vida, pero las siguen describiendo como precarias y de extrema pobreza.

Adultos-mayores y adultos con un discurso racista, al considerar a los vecinos nuevos como migrantes, señalan una marcada distinción entre ellos (tenidos a sí mismos como limeños tradicionales) y los vecinos nuevos (llamados "invasores" o residentes no-legítimos de Lima). Generalmente señalan que los vecinos nuevos son literalmente sucios en su presentación y en sus hábitos, así como incivilizados en sus modales: "no saludan en el ascensor", "gritan todo el tiempo", "ponen su música a todo volumen", "cuando hacen fiestas acaban todos borrachos". Todo ello indica, de acuerdo con estos vecinos, menor educación. Para estos adultos-mayores, el origen rural de los vecinos nuevos y su bajo nivel educativo son la fuente de su menor nivel cultural y sus malos modales. Por ejemplo, Renato Loza describe la imagen que tiene de varios vecinos nuevos de la siguiente forma:

> El gran problema para mí es la higiene de la gente. Es decir, la higiene es importante para mantener los edificios limpios. Yo quiero vivir en un lugar limpio. Imagina que he crecido en una granja, o en el campo para ser más preciso, que he crecido en una choza, pero vengo a vivir acá [a San Felipe], digo, al menos tengo que imitar a alguien que vive mejor, porque tengo que vivir mejor, pero si no sabes cómo vivir mejor tengo que ver e imitarlo [a un vecino tradicional de San Felipe]. Y si veo que esa persona está mejor, que tiene su casa de un modo, entonces quiero vivir del mismo modo. Para mí ese es problema.

Como se ve, los vecinos nuevos se encuentran asociados a la suciedad, vinculación que se explica por su origen rural y menor educación. De modo similar, Renato Loza refiere que el comportamiento y costumbres de los migrantes se mantienen, primero cuando llegaron a Lima y luego a San Felipe. Él contrasta a los vecinos nuevos [migrantes] y los sanfelipanos [clase media tradicional] de varias formas: "ellos" son sucios mientras que "nosotros" somos limpios, "ellos" viven en chozas mientras que "nosotros" vivimos en edificios, "ellos" viven el campo [o en barriadas] mientras que "nosotros" vivimos en la ciudad. Naturaleza y civilización aparecen opuestos y organizados en una escala jerárquica donde los vecinos nuevos se ubican en una posición más baja que los sanfelipanos tradicionales, quienes ocupan una posición superior. Dadas estas "diferencias culturales", la convivencia con los vecinos nuevos es considerada por los adultos-mayores complicada y hasta conflictiva. Sin embargo, para los adultos-mayores, caracterizados por un discurso racista más suave, la cultura de los vecinos nuevos (y con ello las diferencias étnicas) no son consideradas como una barrera infranqueable para la convivencia. Por el contrario, es posible "educar" y "civilizar" a los vecinos nuevos.

Los adultos-mayores y adultos con un discurso racista se explican el bajo nivel educativo y moral de los vecinos nuevos con la idea de que la educación de hogar se recibe de chico, y esta constituye un cimiento profundo de la persona. Estos adultos-mayores señalan que la raza marca la educación temprana de los migrantes y los vecinos nuevos: "los indios" no son solo culturalmente inferiores, sino, como explica Josefina Camino, una adulto-mayor de discurso racista: "Desde los tiempos coloniales [los indios] han desarrollado muy dentro de sí un sentido de resentimiento hacia los limeños. Han abandonado toda aspiración de desarrollarse como personas. No quieren mejorar. Solo quieren mantenerse así, en un nivel básico".

Como hacen otros adultos mayores, ella minimiza el hecho de que los migrantes y los vecinos nuevos (ambos considerados como lo mismo) hayan mejorado su condición económica. Por el contario, señala que:

> [los vecinos nuevos] vienen de barriadas. Pero tienen dinero, tienen ingresos, pero la mayoría son basura y llevan la barriada dentro. Eso es lo malo. Por ejemplo, está el bodeguero o el que vende carne o cualquier otro que ha ascendido y ahora tiene dinero. Ahora piensan que son mejores, y te lo ponen en la cara, y te menosprecian, especialmente a los mayores, nos menosprecian. No es como esos jóvenes que son educados, que han viajado [al extranjero]. Es distinto.

Mientras ella asocia a los vecinos nuevos con las barriadas y actividades comerciales, también vincula a los sanfelipanos tradicionales, incluyendo a los jóvenes ("que son educados, que han viajado"), con un nivel cultural mayor y otro tipo de trabajos (profesionales). Como otros adultos-mayores, ella señala que aunque los vecinos nuevos tienen dinero y han mejorado económicamente, no es una verdadera señal de mejora. De hecho, es más un signo de desorganización. De este modo, ella encuentra peligroso e incluso retorcido que personas que no son de la clase media tradicional (como los bodegueros o carniceros) hayan ascendido a un nivel socioeconómico y estatus superiores, e incluso menciona que "te lo ponen en la cara", ignorando el estatus mayor (moral, cultural e incluso racial) de los adultos-mayores. Ello es considerado por Josefina Camino como si el mundo estuviera de cabeza. Ella continúa respecto al menor valor de los vecinos nuevos del siguiente modo:

> [ellos] no tienen cultura ni educación de hogar. La mayoría de ellos no tienen la educación necesaria para vivir acá [en San Felipe]. O sea, son comerciantes. Y puedes verlos trayendo pilas de chompas y polos de sus talleres, y los guardan en sus casas. Yo he visto [a un vecino nuevo en su edificio] trayendo paquetes de polos en el ascensor, y luego llevándolos a su casa [departamento]. Es decir, ni siquiera saben [los vecinos nuevos] vivir en un departamento, en un lugar como San Felipe. Usan sus departamentos no como casas. Los usan como talleres o como almacenes. Por eso es que el nivel de San Felipe ha decaído, por estos nuevos.

Como otros adultos-mayores, Josefina Camino señala que los vecinos nuevos no están preparados o no poseen la educación para vivir en San Felipe, que no saben vivir en un departamento y en un edificio, y su forma de vivir incluso daña al barrio. Para ella, como para otros adultos-mayores, la mayor presencia de vecinos nuevos causa un deterioro moral en San Felipe. Los adultos-mayores con un discurso racista mencionan que los "buenos vecinos" han muerto o se han ido a otros lugares, y sus departamentos están siendo ocupados ahora por estos vecinos nuevos. Sin embargo, saben que no pueden detener este proceso. Como estrategia general, adultos-mayores con discurso racista como Josefina Camino han decidido aislarse y encerrarse en sus departamentos, y solo mantienen sus relaciones de vecinos con otros adultos-mayores. Por el contrario, otros adultos-mayores con un discurso racista más atenuado, como Renato Loza, citado más arriba, son sociables y pasan tiempo "educando" y disciplinando —la mayoría de veces de una forma amable— a los vecinos nuevos.

Los adultos con un discurso racista no consideran a los vecinos nuevos como "indios" o como "migrantes", sino como "cholos". De modo similar, no describen a los barrios de origen de los vecinos nuevos como "barriadas", sino como "maleados". Consideran a los vecinos nuevos como gente trabajadora que han mejorado su posición económica e incluso les reconocen ese logro. Pero aun así, los tienen por mal educados y carentes de buenos modales. Como otros adultos racistas, María Díaz, una enfermera recientemente retirada, describe a los vecinos nuevos de la siguiente forma:

> Mira, la gente que ha llegado, tú sabes... perdón por la comparación que voy a hacer, son personas que han comprado su casa [departamento] acá, algunos alquilan, unos pocos, pero la mayoría de los que han llegado han comprado su casa, pero no tienen buena educación de hogar, y... tú sabes, porque las casas acá no son baratas. Voy a hacer una comparación que puede ser un poco grotesca, pero decir que los que han llegado son el "rey de la papa", "el rey de la cebolla", "el rey del

> camote", pero su educación social y cultural es un desastre. Entonces, es con esa gente que tengo que ser tolerante y decir: Dios mío, tengo que ser tolerante con esta gente. Son tus hijos igual que yo, entonces somos hermanos. Tengo que tener paciencia. Pero por favor dame más paciencia, por favor, porque no creo que tenga suficiente.

Como otros adultos con un discurso racista, ella no vincula el color de piel con la falta de educación o modales de los vecinos nuevos. Para ellos, el color de piel es parte de la ecuación, pero más claramente es el origen popular de los "cholos" y su tipo de ocupaciones lo que determina su mala educación. Al describir a los vecinos nuevos como "el rey de alguna verdura", los caricaturizan como personas que están ocupacionalmente y culturalmente entre la ciudad y el campo; como personas que han hecho pequeñas fortunas a partir de la actividad comercial (generalmente en el sector informal), pero que al mismo tiempo no poseen educación ni profesión. Al mismo tiempo, al relacionar a los vecinos nuevos con estas actividades resaltan sus características étnicas (como "cholos"), así como su origen (de trayectoria migrante). María Díaz señala que los vecinos nuevos son personas que no entienden las cosas fácilmente, especialmente las relacionadas a la convivencia en los edificios y en el barrio. De este modo, los adultos generalmente mencionan que los vecinos nuevos hacen mucha bulla, tiran basura al piso o las veredas y no cuidan la infraestructura del edificio. María Díaz, como otros adultos con un discurso racista, refiere que pasa el tiempo corrigiendo a la conducta de los vecinos nuevos y de sus hijos, pero se lamenta de que no parecen entender. Infiere así que los vecinos nuevos "no captan la idea de vivir en un edificio" o de "vivir en un lugar civilizado". Los adultos-mayores con un discurso racista lamentan que los "vecinos buenos" se hayan ido y que estos "vecinos malos" ahora ocupen San Felipe. Consideran que desde la llegada de los vecinos nuevos las buenas relaciones entre vecinos que existían en San Felipe solo se dan ahora entre los antiguos que permanecen en el barrio. Sin embargo, a diferencia de los adultos-mayores con un discurso racista fuerte, los adultos no se aíslan ni se encierran en sus departamentos. Por el contario, consideran que tienen que lidiar con los vecinos nuevos, disciplinarlos y educarlos, sea de un modo amigable o no.

Finalmente, dado que los vecinos nuevos tienen lo que los adultos-mayores y adultos con un discurso racista llaman "una cultura distinta", consideran que es difícil conversar con ellos y llegar a acuerdos. De hecho, aseguran que los vecinos nuevos no quieren participar o involucrarse en la vida del barrio o en la solución de los problemas de los edificios. Ambos entienden la falta de involucramiento de los vecinos nuevos como otra señal de carencia de civilidad y de cómo dañan la vida colectiva de San Felipe. De modo similar, esta falta de compromiso de parte de los vecinos nuevos es vista como indicador de que son altamente individualistas y carentes de compromiso con la comunidad; ambos rasgos vistos como faltas morales a la vista de los vecinos mayores.

La mayoría de los vecinos adultos son menos discriminadores que sus pares, y generalmente ven con simpatía e incluso admiración que algunos migrantes de origen pobre, con base en su esfuerzo y dedicación, hayan salido adelante y mejorado su nivel de vida. Incluso reconocen que hay varios vecinos nuevos que son "buenos vecinos" y "personas decentes". Sin embargo, también encuentran que los vecinos nuevos, en particular aquellos que vienen de "distritos marginales", son cultural y moralmente inferiores; inferioridad que explican como resultado de su origen humilde y de haber crecido en ambientes con falta de oportunidades. Minimizan además o incluso niegan que su evaluación de los vecinos nuevos se base en características o rasgos raciales, pero dicen que "ocurre" que en la sociedad peruana las personas de rasgos indígenas generalmente han crecido en contextos desfavorables y son menos educados. Como otros sanfelipanos más conservadores, estos sanfelipanos más liberales consideran a los vecinos nuevos como de estatus inferior porque tienen mala educación y malos modales. Sin embargo, la explicación que dan para este juicio es que estos vecinos crecieron en "lugares malos", donde no aprendieron modales ni a comportarse de una manera civilizada. Por ejemplo, Maya Parra, una corredora inmobiliaria en sus cincuenta, menciona:

> Los nuevos, o sea, han mejorado cuando vinieron acá a San Felipe, porque vienen de sitios como Villa El Salvador o Lurigancho, que son más marginales. Ahora tienen recursos, es decir, antes vivían en lugares malos; han constituido sus negocios y les ha ido bien en la vida, han mejorado, pero sus costumbres, sus hábitos que han desarrollado en los lugares donde solían vivir, no han cambiado. Entonces, lo que ocurre es que no se dan cuenta de que han mejorado, pero al mismo tiempo no han cambiado. Es decir, han venido a vivir a un lugar mejor, en donde hay gente más educada, pero también han venido a malograr San Felipe un poco. Y queremos hacerles entender que si han venido acá, entonces tienen que cambiar, tienen que mejorar, que no pueden malograr nuestro barrio.

Como Maya Parra, otros sanfelipanos mencionan que tienen problemas constantes con los vecinos nuevos no solo por sus malos modales, sino porque son "incivilizados". Por ejemplo, Ingrid Castillo, una vecina nueva de clase media tradicional, casada con un sanfelipano antiguo, cuenta la siguiente anécdota:

> Hace unos años un perro lo mordió [a su hijo]. Un niño vino acá a la casa con su perro y lo mordió. Cuando fuimos al departamento de este chico, su papá era un comerciante, un empresario, y dijo que... o sea, el tipo era muy mal educado, no en términos de educación [formal], sino en la forma como fue educado [en modales]. Y dijo que ya estaba cansado de vivir acá en San Felipe. Que él estaba feliz viviendo en... no sé qué distrito marginal dijo, pero dijo que había venido a San Felipe porque pensaba que era mejor para sus hijos, y que estaba harto de estos problemas, y siguió gritando. Entonces para mí quedó claro que este era el perfil del vecino nuevo en San Felipe: una persona que había hecho dinero, pero de muy malos modales.

Estos vecinos antiguos de San Felipe encuentran a los vecinos agresivos porque hablan fuerte y por sus modales; pero también, desde la imagen que tienen del distrito de donde vienen, tienen temor de que puedan ser hostiles o violentos. Sin embargo, el origen de los malos modales de los vecinos nuevos, y en algunos casos su hostilidad, no se asocia directamente a su color de piel o etnicidad, sino a su origen social.

Finalmente, algunos adultos y la mayoría de adultos-jóvenes vecinos antiguos niegan que existan diferencias entre ellos y los vecinos nuevos en general. Sin embargo, consideran que hay algunos vecinos nuevos que son menos educados. De modo similar, niegan que el color de piel tenga alguna relación con ello. Como mencionan más arriba algunos otros vecinos, ellos ven con gran simpatía que algunos vecinos nuevos que vienen de un origen humilde hayan mejorado su posición social a fuerza de su trabajo y deseo de superación. Sin embargo, lamentan que estos vecinos nuevos sean menos educados y que no deseen integrarse a la vida de la comunidad. Por ejemplo, Raúl Zegarra, un adulto-joven que ya conocimos más arriba, menciona: "Tengo la impresión de que los nuevos son menos educados. Los vecinos antiguos como que... como que tienen formación universitaria, y sus hijos [su generación] también. La gente nueva... no estoy seguro, pero tengo la impresión de que no".

Raúl Zegarra continúa y menciona que, por el mayor nivel educativo de los vecinos antiguos y porque los conoce de tiempo:

> Siento como que puedo tener conversación con los mayores. Puedo pasar minutos hablándoles de mis cosas. Con los vecinos nuevos... es que no puedo. Hay algo en la forma en la que hablan, sus temas de conversación; es su nivel educativo, supongo.

Estos adultos-jóvenes también sienten más proximidad con los adultos-mayores que con los vecinos nuevos porque son más sociables y comprometidos con San Felipe. Roberto Campos, otro adulto-joven a quien ya conocimos más arriba, menciona:

> Puede parecer increíble, por los mayores, los ancianos... no sé, será por su modo de vida o porque son más amables que tienen más conversación, mientras que los nuevos son más introvertidos, más desconfiados, como si no tuvieran tema de conversación. Similarmente, los mayores son los que participan más en las reuniones [del edificio] y son los primeros en hacer algo si hay algún problema. ¡Es increíble! Es como si los viejitos tuvieran más iniciativa en San Felipe.

De este modo, los vecinos nuevos siempre son retratados como distintos, incluso por los adultos-jóvenes antiguos más liberales. Esto no implica que los tengan por categóricamente inferiores, pero sí menos educados y con menos cosas en común. Sin embargo, como Raúl Zegarra y Roberto Campos, la mayoría de adultos-jóvenes antiguos, a pesar de percibir marcadas diferencias culturales y generacionales con los mayores, los consideran más cercanos y se sienten más cómodos con ellos que con los vecinos nuevos de su misma edad.

En el capítulo 1 mencioné que la relevancia del color de piel como un tipo de capital es menos relevante (y se puede decir que incluso disminuye su importancia) en comparación con los capitales económicos y educativos, aunque de hecho aún tiene efecto. Sin enfrentar esta proposición general, este estudio tomó otra dirección y se enfocó en el mundo de la clase media, y particularmente en las evaluaciones y relaciones sociales de sus miembros. En este nivel de análisis, hallo que no solo el color de piel no es elemento de primer orden a la hora de hacer diferenciaciones, algo que en parte puede ser explicado porque en Perú el proceso e ideología del mestizaje ha impedido e incluso eliminado la consagración de categorías raciales institucionalizadas. Sin embargo, este proceso no ha evitado que las diferencias de color de piel sean vistas como señales de estatus en la vida cotidiana. Aun así, encontré entre mis entrevistados una tendencia muy marcada, por la cual la relevancia del color de piel como indicador de estatus va debilitándose para las generaciones más jóvenes. Es posible asociar esta tendencia con el crecimiento de una clase media más diversa y más mezclada en cuanto a su color en diferentes esferas de la vida diaria (Arellano y Burgos 2010, Toche 2010), así como respecto de la emergencia de valores más individualistas y liberales entre las generaciones más jóvenes (Portocarrero 1998, Arellano 2010).

Como en otros contextos donde las fronteras no tienen respaldo institucional pero existen de modo informal, los linderos entre vecinos antiguos y vecinos nuevos reconfigura la forma de evaluar a otros al mezclar y esconder fronteras no oficiales existentes (Wimmer 2013). San Felipe, como un caso de un barrio en el cual convergen individuos de distintas trayectorias, muestra las distintas formas en que el color de piel aparece como una señal de estatus y del valor de la persona. Incluso cuando analizamos los discursos detrás de la frontera que separa a vecinos antiguos de vecinos nuevos, para todos los grupos de sanfelipanos antiguos las señales del origen social y trayectoria de los individuos aparecían como un elemento central de esta división. A este nivel, aunque la relevancia del color de piel (o más precisamente el ser de color más oscuro o tener rasgos indígenas más marcados) como marca de estatus o valor era minimizado o incluso rechazado, ciertamente era una marcada señal del origen social del individuo.

Comparando las faltas de los vecinos nuevos

Los vecinos nuevos no son los únicos considerados como ofensivos moralmente en San Felipe. Partiendo de los distintos criterios que los grupos usan para evaluar a las personas, otros grupos de sanfelipanos también cometen faltas y son considerados no solo como diferentes, sino como de menor valor que aquellos que los evalúan. En esta sección comparo brevemente cómo los vecinos antiguos de San Felipe son siempre más condescendientes con otros vecinos antiguos considerados como ofensivos moralmente que con los vecinos nuevos.

Sanfelipanos de segunda generación y vecinos nuevos

Como se mencionó, los adultos-jóvenes antiguos y los vecinos nuevos son similares de muchos modos.[8] Sin embargo, ambos son evaluados de forma distinta por otros grupos, particularmente por los vecinos adultos-mayores. En entrevistas y conversaciones informales con adultos-mayores y adultos, perciben diferencias entre ellos y sus hijos, pero en general son relativamente neutrales. Los vecinos nuevos, por el contrario, cuando son evaluados por los vecinos antiguos de San Felipe y particularmente por los adultos-mayores, no solo son vistos como distintos, sino también como inferiores y en algunos casos peligrosos de distintas formas.

Cuando pedí a los adultos-mayores evaluar a la segunda generación de sanfelipanos, tendían a minimizar diferencias. Por lo general responden que los adultos-jóvenes antiguos son muy parecidos a ellos, pero crecieron en contextos distintos. De hecho, resaltan que los adultos-jóvenes antiguos tienen distintos gustos (refiriéndose principalmente a la música),[9] son más informales (refiriéndose a su forma de vestir y de hablar) y son más liberales (señalando que las mujeres son más independientes y que las relaciones entre hombres y mujeres son más igualitarias). También indican que los adultos-jóvenes antiguos viven en un mundo más ajetreado y que experimentan más presiones y ansiedades que ellos cuando eran jóvenes. En consecuencia, indican que "los puedes ver corriendo

---

8. Para ser explícito, tienen en general una posición de clase-estatus similar: ambos tienen aproximadamente los mismos ingresos, el mismo nivel educativo y trabajan en ocupaciones similares. Al ser miembros de la misma cohorte, tienen rutinas similares: pasan mucho tiempo fuera del barrio y, fuera de encuentros amigables y rápidos con sus vecinos, no se involucran mucho en los asuntos del barrio. Finalmente, tienen orientaciones culturales similares: ambos son menos tradicionales que los adultos-mayores y adultos, así como de mayor orientación cívica y por el trabajo.

9. Se dijo que los adultos-jóvenes antiguos escuchaban rock o salsa en comparación con los adultos-mayores antiguos, que preferían música clásica y criolla, así como boleros.

de un lado a otro" o "siempre están hablando por teléfono y viendo el correo [electrónico]". En contraste, los mayores sugieren que ellos eran más privilegiados en el sentido de que tenían trabajos estables y horario fijo, y disponían de más tiempo para pasar con sus familias. De este modo, intentan ponerse en los zapatos de los más jóvenes, y, como señala un adulto-mayor, "somos básicamente iguales, solo que en otros tiempos". Aun así, siempre ven a los adultos-jóvenes como más materialistas y consumistas.

Los adultos-mayores y adultos (aquellos más comprometidos con el discurso de la educación de hogar) afirman que la segunda generación de sanfelipanos son más materialistas y, en consecuencia, "desorientados" en sus prioridades. Resaltan que gastan mucho dinero (y están obsesionados) en cosas que "no son importantes", como tener ropa y zapatos caros, así como en gastar en entretenimiento. Aseguran que no entienden por qué estos adultos-jóvenes "necesitan" un teléfono celular de última generación o un auto nuevo si podrían tener alguno más barato, o si los antiguos siguen funcionando bien. Comentan que los adultos-jóvenes están comparando constantemente sus celulares y carros, y tienen el "mal hábito" de cargar todo a la tarjeta de crédito en vez de medir sus gastos y usar efectivo. Dado que los adultos-mayores valoran la austeridad y moderación, ven la orientación materialista de los adultos-jóvenes antiguos no solo como irracional, sino como una falta. Sin embargo, el punto principal es que los adultos-jóvenes antiguos no son retratados como malas personas, sino como "malogrados" por una sociedad que está "descarrilada". Para estos adultos-mayores, los adultos-jóvenes antiguos tienen un "carácter más débil" que ellos, y no ven "las cosas verdaderamente importantes en la vida" (i. e., el desarrollo espiritual y la educación de hogar).

La evaluación de los vecinos nuevos, en contraste, no solo incluye más diferencias, sino que es más negativa. Lugar de origen, color de piel y cultura son agregados como diferencias más profundas, que llevan a considerar a los vecinos nuevos como de menor valor por la falta de educación de hogar y sus malos modales. Al evaluar el materialismo y hábitos consumistas de los vecinos nuevos, los adultos-mayores y adultos generalmente enfatizan que estos hábitos emergen no solo de una sociedad más materialista, sino que son más acentuados en los vecinos nuevos que en los adultos-jóvenes antiguos. Explican esto diciendo que los vecinos nuevos tienen "sentido de inferioridad" por su origen y porque "sienten que tienen que estar mostrando" que han llegado a la clase media.

Asimismo, los adultos-mayores consideran que el materialismo de los vecinos nuevos y su consumo de símbolos de clase (celulares, ropa, autos) son no solo exagerados e inmorales, sino también ofensivos para su posición empobrecida. Aquellos sienten que los vecinos nuevos han revertido el orden moral de las cosas, en donde la clase media tradicional y otros "como ellos" se encontraban en la cima, poniendo (de forma equivocada) al dinero como la medida del valor de las personas. Pero no es solo que los vecinos nuevos se ubican en la cima (o en la misma posición que los adultos-jóvenes antiguos) lo que fastidia a los adultos-mayores, sino también que este grupo representa algo más profundo que ha sido trastornado: que algunos comerciantes y cholos viven en el mismo lugar que ellos, y se consideran como iguales y en algunos casos incluso mejores. En respuesta, los adultos-mayores descalifican a los vecinos nuevos no solo evidenciando sus faltas morales, sino también su origen. En esta línea, los adultos-mayores aseguran que ellos [los vecinos nuevos] "no saben usar un saco o cómo comportarse en un evento" o, de modo más general, que "tienen dinero, pero no tienen clase". De este modo, resaltan que los vecinos nuevos no son "clase media auténtica". Los vecinos nuevos son así parte de la clase media, pero disonantes, no encajan y, nuevamente, son "invasores" no solo en Lima, sino también en San Felipe y en la propia clase media.

Adultos-mayores y vecinos nuevos

Como se refirió antes, los vecinos nuevos son considerados sucios. Comúnmente se dice que los vecinos nuevos tiran basura en los pasadizos, ascensores y veredas; una suciedad asociada a su origen migrante y su menor nivel o falta de cultura. Sin embargo, los adultos-mayores, particularmente aquellos empobrecidos, también son vistos como sucios. Algunos adultos-mayores, sobre todos aquellos que han enviudado o están aislados, desarrollan síndrome de Diógenes o empiezan a acumular periódicos, botellas, electrodomésticos malogrados y otros objetos en desuso en sus departamentos. Algunos han adoptado varios canarios o gatos (más de uno o dos, y algunos sanfelipanos mencionan casos de adultos-mayores que viven con más de diez gatos). Otros tiran basura de forma sistemática desde sus ventanas. Igualmente, algunos adultos-mayores empobrecidos han empezado a subdividir sus departamentos para alquilar cuartos como fuente adicional de ingresos. Sus vecinos se quejan de que a veces sienten olores terribles provinientes de sus departamentos, de que los adultos-mayores están tugurizando los departamentos, e incluso temen que aparezcan plagas de pulgas, cucarachas, ratones o ratas.

Mientras que la suciedad de algunos vecinos nuevos es considerada señal de deterioro moral en San Felipe, la suciedad de los adultos-mayores es vista como señal de deterioro material. Los sanfelipanos comúnmente mencionan que los adultos-mayores empobrecidos o aislados son un problema para la salubridad de sus edificios. Sin embargo, son en general más condescendientes con estos adultos-mayores que con los vecinos nuevos. La forma en la que intentan conversar con los adultos-mayores no es jerárquica, sino que buscan llegar a un acuerdo. Aun así, se quejan de que los adultos-mayores son difíciles para conversar, y no importa cuánto intenten explicarles cómo los olores que vienen de sus departamentos los afectan; los adultos-mayores dicen no sentir ningún olor, no ven cómo sus mascotas pueden causar algún problema o no entienden el problema en absoluto. Los sanfelipanos refieren que algunos de estos adultos-mayores incluso se vuelven agresivos: no abren la puerta y gritan desde dentro, les tiran la puerta en la cara, e incluso en un caso un vecino relató que luego de varios reclamos un adulto-mayor abrió la puerta con un cuchillo de cocina en la mano.

A pesar de percibir a estos adultos-mayores como un peligro potencial, en vez de estigmatizarlos como lo hacen con los vecinos nuevos, los vecinos mencionan que sienten pena por ellos y deciden —luego de conversar con otros vecinos— no pedir la intervención de la Municipalidad o de la policía. Generalmente, los sanfelipanos retratan a estos adultos-mayores como "pobres viejitos", "viejos y solos", "con un problema mental por su edad", e incluso sienten simpatía por ellos al decir que esperan que cuando tengan su edad no se queden solos y sin atención. Los sanfelipanos simplemente deciden vivir con estas molestias y seguir adelante.

Del mismo modo que los sanfelipanos condenan los malos modales de los vecinos nuevos, la mayoría de los adultos y adultos-jóvenes antiguos también condenan las actitutes conservadoras, intolerantes y veces racistas de algunos adultos-mayores. Tanto los adultos-jóvenes antiguos como los nuevos creen que este tipo de aptitudes de los adultos-mayores son inmorales. Sin embargo, la mayoría de adultos-jóvenes antiguos, aunque se sientan fastidiados, son también ambivalentes. De hecho, a pesar de la gran importancia que los adultos-jóvenes otorgan a la orientación cívica y la tolerancia como centrales para evaluar a otros, son bastante condescendientes con los adultos-mayores racistas.

En situaciones en público, cuando algunos adultos-mayores hacen comentarios racistas, tanto los vecinos nuevos como los adultos-jóvenes antiguos lamentan la posición del adulto-mayor por generar una situación incómoda. Generalmente, no responden y se reservan su opinión en la idea de que no vale la pena tener un intercambio de opiniones con los adultos-mayores. Sin embargo, mientras los vecinos nuevos condenan de forma más abierta la opinión del adulto-mayor y señalan la situación como una falta de educación, los adultos-jóvenes antiguos se callan e intentar apaciguar la situación diciendo que hay que recordar que los adultos-mayores han vivido en una sociedad distinta (más jerárquica), con otros valores (conservadora y racista), y a fin de cuentas son mayores y "se están volviendo tercos", y que no tiene sentido discutir con ellos. Algunas veces los adultos y adultos-jóvenes antiguos intentan apaciguar al vecino nuevo que fue ofendido, mostrando empatía con él, pero al mismo tiempo intentando calmar la situación para evitar que empeore.

*****

En este capítulo he explorado la relevancia de las fronteras para los sanfelipanos. Como en las clases trabajadoras y medias de Francia y Estados Unidos estudiadas por Lamont (1992, 2000), la moralidad es la dimensión central a través de la cual los sanfelipanos miden su propio valor y el de los otros. Como lo hacen las clases trabajadoras y medias en Francia y Estados Unidos, los sanfelipanos organizan el valor de un modo en el que se ubican en mejor posición que otros grupos, incluso que aquellos de una mejor situación económica o educativa (formal). Sin embargo, y es aquí en donde mi caso refina el trabajo de Lamont, mientras la autora analiza la construcción y relevancia de las fronteras con base en la posición de los grupos (concretamente por su posición de clase, color de piel y lugar de residencia), así como la forma como definen estatus a su favor, la trayectoria del grupo también juega un rol importante, en particular al analizar grupos en el interior de una clase.

Esto ocurre en un contexto en el cual la sociedad en su conjunto ha cambiado, y ha generado no solo valores y orientaciones distintas en las generaciones (incluso entre padres e hijos de un mismo grupo). Simultáneamente, el espacio social ha cambiado, y ha permitido a algunos individuos moverse a mejores posiciones económicas y culturales. Es en este contexto donde la trayectoria y con ella la generación marcan distancias importantes en la forma como los sanfelipanos de distintas trayectorias evalúan sus vidas y les dan valor. De este modo, los adultos-mayores y adultos valoran y dignifican lo que llaman "educación de hogar", minimizando no solo otras dimensiones de la moralidad, sino también la importancia del ingreso y el nivel educativo (ambos criterios de acuerdo con los cuales su posición ha disminuido o al menos se ha visto cuestionada) como señales de estatus. En contraste, los adultos-jóvenes no solo otorgan más importancia a la orientación al trabajo y la vocación cívica como medidas de estándar morales, sino que también dan más valor al logro material y la educación formal.

Los sanfelipanos antiguos evalúan este proceso de una forma distinta que los adultos-jóvenes vecinos nuevos. De hecho, aunque todos los grupos de vecinos antiguos tienen una evaluación negativa de los vecinos nuevos, las más negativas vienen precisamente de los grupos cuya posición se ha debilitado (en relación con su ingreso, nivel educativo y el valor de sus habilidades en general), y cuyo estatus está más cuestionado por la presencia de los vecinos nuevos. De este modo, los adultos-mayores (más que cualquier otro grupo) establecen diferencias con los vecinos nuevos y erigen marcadas fronteras morales frente a ellos. Los vecinos nuevos, en particular los que encajan con la imagen del "migrante icónico", son comúnmente vistos no solo como distintos, sino de hecho inferiores en relación con diferentes atributos de los sanfelipanos antiguos.

Está además el problema de quién encaja en el barrio y en la clase media y quién no. Desde el punto de vista de los adultos-mayores y adultos, los miembros de la segunda generación de sanfelipanos son de hecho distintos (en algunos casos considerados como desorientados o alejados del camino correcto), pero sin duda son parte de su grupo, y en consecuencia no peligrosos. Aunque distintos, son considerados como herederos "legítimos" del barrio y "auténticos" en la clase media. Para los adultos-mayores, la adscripción se mantiene como el criterio principal para evaluar quién pertenece y quién no. Los vecinos nuevos, por el contrario, son llamados "no educados", caracterizados por sus "malos modales" y, de modo más general, son retratados como "migrantes". De este modo, para ellos son residentes de "menos valor" y miembros "no auténticos" de la clase media. Por otro lado, los vecinos nuevos resaltan el logro y el trabajo duro (lo que uno ha conseguido en la vida en vez de lo que uno ha recibido) como fuente central del valor. Tanto para los vecinos nuevos como para los adultos-jóvenes antiguos, el logro se convierte en el principal criterio desde el cual evaluar el valor de la persona. Como puede verse, las definiciones de valor y moralidad están enfrentadas.

Hasta este punto sabemos que hay algunas trayectorias similares o típicas para ubicarse en la clase media, y que asociadas a estas trayectorias existen también esquemas clasificatorios compartidos que permiten la creación de fronteras. Sobre la base de estos esquemas clasificatorios, los individuos evalúan y ubican a otros individuos en distintas categorías. Pero ¿estas fronteras se traducen en prácticas en la vida cotidiana? Para contestar a esta pregunta, me propongo ahora analizar situaciones específicas en el barrio.

Capítulo 4

CONTROLANDO EL ESPACIO COMÚN: PODER LOCAL EN ACCIÓN

Más arriba he mostrado que la relevancia de la frontera entre clase media tradicional = vecino antiguo y nueva clase media = vecino nuevo es más importante para los vecinos adultos-mayores que para otros sanfelipanos. También mencioné que esta distinción entre "nosotros" y "ellos" tiene una base moral y racial, y lleva a una percepción del barrio como deteriorado moralmente. Sin embargo, también referí que la frontera de color de piel es altamente porosa y, en consecuencia, lleva potencialmente a varias incertidumbres a la hora de evaluar y clasificar individuos. También apunté que esta forma de categorizar a los individuos puede ser compartida por algunos adultos y adultos-jóvenes vecinos antiguos, pero también es confrontada por algunos de ellos y por los vecinos nuevos. Estas ambigüedades se vuelven más relevantes cuando los sanfelipanos no están en un ambiente en el que conocen a la mayoría de sus vecinos (como es el caso cuando se trata de sus mismos edificios), sino en espacios comunes que comparten con otros vecinos a quienes no conocen y con gente de fuera. En un lugar tan denso y heterogéneo como San Felipe, que recibe la visita diaria de gente de fuera, es difícil identificar quién es un vecino y quién no lo es. De modo similar, hay discursos contrapuestos sobre lo que es el "comportamiento correcto" en público. En este contexto —como en el caso de las dos mujeres en la introducción de este libro—, siempre es complicado y hasta riesgoso clasificar a otros en público, tomar la iniciativa para corregir a los demás e imponer la propia visión sobre lo que es el "comportamiento correcto en público".

Mi estrategia en este capítulo, siguiendo como modelo el trabajo de Duneier (2000), es la de observar y hacer comparaciones entre *situaciones*[1] similares que aparezcan de forma espontánea, pero en donde intervengan actores de distintas características en espacios comunes en San Felipe.[2] Esta estrategia permite entender cuándo y cómo los marcos y fronteras se activan y tienen un efecto en interacciones reales; también muestra cómo se conducen los actores en situaciones donde definir roles y posiciones es un ejercicio incierto.

La naturaleza cambiante del espacio común en San Felipe

El escenario en el cual ocurrieron las situaciones que voy a describir en este capítulo es el de los espacios comunes en San Felipe: las veredas, los parques, los jardines y los parqueos de estacionamiento. Las defino como espacios comunes y no como espacios públicos por dos razones. La primera es legal, y se refiera a la ambigüedad legal de estas áreas. No son espacios públicos en el sentido en que no son propiedad del Estado, o de la ciudad, o de la Municipalidad. No son tampoco espacios privados, pues tampoco son propiedad privada

1. Una "situación" se refiere a "encuentros momentáneos entre cuerpos humanos cargados con emociones y consciencia dado que han pasado por cadenas de encuentros previos" (Collins 2004: 3. Traducción mía].

2. Diré que esto a lo más cercano a "experimentos controlados" o a la estrategia de "controlar variables" en el mundo real, manteniendo su forma espontánea, sin manipularla.

de los vecinos. La situación más bien es que los vecinos son dueños (colectivamente) de estos espacios. La segunda es una razón más de facto, según la cual, como en todo barrio bien constituido, los sanfelipanos usan estos espacios como privados y siempre han ejercido control sobre ellos.[3]

Los espacios comunes en San Felipe se encuentran ahora en una situación más ambigua. Primero, el ambiente alrededor de San Felipe ha cambiado drásticamente en las últimas décadas y particularmente en los últimos años: el área alrededor de San Felipe se ha densificado por la aparición de una gran cantidad de edificios de departamentos.[4] Sin embargo, la construcción de estos edificios no estuvo acompañada por la construcción de espacios públicos y otros servicios para compensar esta mayor densidad. El efecto sobre San Felipe es que más vecinos de los alrededores entran para usar estos espacios y sus servicios. De modo similar, la universidad Cibertec-UPC abrió una nueva sede cerca de San Felipe, y muchos de sus estudiantes gustan de pasar su tiempo libre en las áreas comunes del barrio. Dada la mayor presión demográfica sobre estas áreas, sugiero que el espacio ha cambiado de escala, refiriéndome a que ha pasado de una situación en la que eran usadas principalmente por sus vecinos a una situación en la que también son utilizadas por población de las áreas aledañas, del distrito e incluso de otras áreas de la ciudad. Los espacios comunes en San Felipe no son más de una escala barrial, sino que son simultáneamente de escala barrial, local y metropolitana.

---

3. Como explican De Certeau et ál., el barrio es básicamente una experiencia y práctica cotidiana. Hacer un barrio es "una privatización progresiva del espacio público" por sus habitantes (1998: 11); esto es, la práctica de familiarizarse y dominar los alrededores (su espacio y con él de sus residentes y extraños). En este sentido, un barrio es una empresa colectiva de domesticación del espacio.

4. Durante los últimos años, Jesús María ha logrado ser el segundo distrito de densificación más rápida en Lima, gracias a un programa masivo de vivienda impulsado por el Estado (Mi Vivienda) dirigido a las clases medias. Véase el capítulo 2.

Segundo, los usuarios de los espacios comunes en San Felipe no son solo más heterogéneos, sino también más anónimos. Como he mostrado en capítulos anteriores, mientras varios vecinos antiguos (principalmente los adultos-jóvenes) se han mudado a otros barrios, han llegado familias nuevas a la residencial. Dado que los vecinos tradicionales de San Felipe no conocen a la mayoría de los vecinos nuevos (excepto por aquellos que viven en sus mismos edificios), es difícil para ellos distinguir quién es un vecino y quién no cuando se encuentran en estos espacios comunes. Se ven así en el problema de hacer evaluaciones sobre los extraños con los que se encuentran sobre la base de sus características físicas, actitudes y símbolos de estatus. Generalmente, los vecinos antiguos asumen que las personas que "se ven bien" (eso es, personas que son relativamente claras o mestizas, bien vestidas, limpias, de buenas maneras, buen trato y que "se comportan adecuadamente") son también vecinos tradicionales o "gente bien"; mientras que personas que "no son gente bien" (eso es, más oscuras o de rasgos indígenas, mal vestidas, que se ven poco aseadas, de malos modales o que "no se comportan apropiadamente") son o vecinos nuevos o "malos extraños". Sin embargo, como he mencionado anteriormente, estas evaluaciones y asociaciones pueden ser equivocadas. En consecuencia, en general, los sanfelipanos se abstienen de intervenir en situaciones problemáticas a no ser que lo que consideran comportamiento aberrante venga de parte de personas que "no se ven como vecinos". En esos casos, los sanfelipanos se tornan muy territoriales y normalmente se sienten dispuestos a intervenir.

Finalmente, el cambio demográfico en el barrio también tiene un efecto importante en la forma en que el espacio es controlado. No hay tantos jóvenes en San Felipe como solían haberlo en décadas atrás. En el pasado, los jóvenes ocupaban y controlaban todos los espacios comunes de San Felipe. Sin embargo, estos jóvenes son adultos hoy en día, y algunos han abandonado San Felipe para empezar sus vidas con sus nuevas familias. Como se mostró en capítulos anteriores, la ecología de San Felipe ha cambiado, y, desde su retiro, los adultos-mayores son los que pasan más tiempo en San Felipe y sus áreas comunes.

En esta nueva ecología del lugar, los adultos-mayores son los guardianes más importantes del espacio en el barrio. Sin embargo, la forma en la que entienden que el lugar debe ser usado es muy distinta de la de otros vecinos (principalmente los niños, jóvenes y adultos-jóvenes) y de la gente de fuera. El resultado es que hay varios discursos respecto al adecuado uso del espacio común en San Felipe: para los vecinos es "espacio privado", mientras que para los de fuera es "espacio público". Además, entre los vecinos, para los niños, jóvenes y adultos-jóvenes, el espacio común es visto como "un buen lugar para jugar"; mientras que para los adultos y adultos-mayores es principalmente un "lugar ornamental".

El carácter moral del espacio

Para entender los discursos existentes respecto a los espacios comunes en San Felipe, es importante considerar dos elementos contextuales. El primero es que en Lima, dadas sus condiciones geográficas,[5] los parques son caros de mantener y son símbolos importantes de estatus. Tener parques y áreas verdes no solo es una señal de calidad de vida, sino también de diferenciación de las barriadas y pueblos jóvenes, los cuales carecen de áreas verdes. El segundo elemento es histórico, pues durante la crisis de los años ochenta, los parques y jardines de San Felipe experimentaron un deterioro severo. Al recordar los parques en esos años, los vecinos antiguos mencionan que San Felipe "estaba empezando a verse como una barriada". Luego de la crisis, los parques fueron rehabilitados, lo cual es recordado por los sanfelipanos con satisfacción.

5. El área de Lima incluye tres valles costeños, pero la mayor parte de su territorio es árido e incluso desértico. Su clima es bastante húmedo, aunque raramente llueve.

Más aún, los sanfelipanos consideran a sus parques símbolos de un nivel de vida privilegiado en comparación con otras áreas consolidadas de la ciudad (donde los parques y jardines son, en general, escasos). De este modo, el cuidado de los parques es de hecho un asunto serio para los sanfelipanos.

Como símbolo de estatus, los parques y áreas comunes en San Felipe representan para sus vecinos no solo quiénes son, sino también lo que valoran y consideran una buena vida. De este modo, como otros símbolos, el parque es, como diría Durkheim (1995), "sagrado", una representación material de la identidad del grupo.[6] Como otros símbolos, los parques evocan no solo las experiencias pasadas de los vecinos, sino también emociones, sentimientos y acciones. En consecuencia, los sanfelipanos invierten tiempo y esfuerzos discutiendo sobre ellos y cuidándolos. Sin embargo, como menciona Cohen (1985), el hecho de que un símbolo sea compartido por los miembros de un grupo no significa necesariamente que exista una misma interpretación acerca de él o que evoque los mismos sentimientos y con la misma intensidad entre todos los miembros. Como se mencionó, los grupos en San Felipe tienen interpretaciones y discursos distintos y hasta contradictorios sobre los parques, y actúan de forma distinta en ellos.

Entre los sanfelipanos existen dos discursos principales en conflicto, o lo que Anderson (2011) llama códigos de civilidad[7] respecto al espacio común. Para los adultos-mayores y adultos, tres ideas generales organizan su concepción de la civilidad en el espacio común. El primero es que el espacio es moral, queriendo decir por esto que debe mantenerse un código de conducta estricto (el de la clase media tradicional). Ser civil, comportarse de forma adecuada

6. Véase también Kelafas 2003 sobre cómo la imagen de un barrio es central para preservar la identidad de un grupo y su estima.

7. El "código de civilidad" se refiere a los principios que guían a los actores en sus acciones para evitar ser un problema para otros, esto es, para preservar el orden y evitar conflictos.

y lucir presentable es importante no solo para mostrar el propio valor, sino para preservar el orden moral público. El segundo principio es que el espacio es funcional, es decir, que ciertas áreas fueron diseñadas para desarrollar determinadas actividades. Por ejemplo, los parqueos son para los autos, las veredas y gradas son para caminar o para tener conversaciones cortas, las bancas son para sentarse y los parques en particular —y este es el tercer principio— son ornamentales y para el solaz y esparcimiento. En relación con estos principios, "actividades fuera de lugar" (como comer o beber en la calle, montar *skate* o bicicleta) o que son potencialmente dañinas para la preservación del lugar y su orden moral son peligrosas y debieran ser controladas. Por ejemplo, al referirse a los estudiantes de Cibertec-UPC, que se sientan y comen en los parques y jardines, los adultos-mayores de San Felipe mencionan que dañan el césped y que los restos de comida pueden atraer a ratas u otros roedores. Al referirse a los *skaters*, indican que cuando hacen sus saltos pueden malograr las veredas o gradas, dañar a los niños más pequeños o a los adultos-mayores, o pueden hacerse daño ellos mismos. Todos estos principios implican un control y disciplina considerables para los individuos, así como una variedad de mecanismos informales y formales para controlar a los perpetradores.

Los adultos-jóvenes de San Felipe reconocen que los parques y el barrio en general han mejorado en comparación con décadas anteriores, y sienten orgullo de ello. Sin embargo, afirman que el control del espacio común se ha tornado obsesivo y que el barrio está perdiendo espontaneidad. Los sanfelipanos adultos-jóvenes recuerdan que cuando eran chicos solían jugar en los parques, gradas, veredas y en los parqueos del barrio y cuando eran jóvenes solían parar y tomar una cerveza frente a alguna bodega. Para ellos, eso era lo que daba a San Felipe una verdadera vida de barrio. Ahora que son adultos, quieren que sus hijos tengan esa misma experiencia. Sin embargo, se dan con que San Felipe ha cambiado. Roberto Campos, un sanfelipano de segunda generación, nos cuenta:

> Yo recuerdo que había más libertad para jugar en esos años [los ochenta]. Porque, a ver, si vas al Ágora [una de las plazas de San Felipe], el segundo piso ahora está enrejado, pero antes estaba abierto, y era lo máximo bajar con tu bicicleta en las rampas que habían ahí. Bueno, quizás San Felipe estaba un poco más abandonado, pero había más libertades. Ahora vas a jugar al parque, y la gente empieza a gritarte [...]. Eso no pasaba antes. [...] Ahora te tomas una cerveza fuera y el serenazgo te cae encima. Ahora no puedes tomarte una cerveza abajo. Pero antes era normal que a la noche los grupos de jóvenes se juntaban en los parqueos o frente a la tiendita. Ahora ya no se puede hacer eso.

Los adultos-jóvenes mencionan que el espacio común, a pesar de ser privado, debería ser más "como espacio público". En general, les gusta que los espacios comunes en San Felipe sean diversos. Mencionan que les resulta estimulante que personas de diversidad de clases, colores de piel y estilos de vida estén no solo en los espacios comunes, sino en el barrio en general. También refieren que los espacios comunes deberían tener múltiples usos. En este sentido, no se sienten incómodos cuando ven a los jóvenes y a los estudiantes sentados en el césped o cuando los niños juegan en los parques o veredas. También aseguran que los chicos son respetuosos. Relatan que cuando los chicos están sentados en las gradas, se paran para dejarlos pasar. También mencionan que los jóvenes y los chicos saludan al pasar. Ven además con buenos ojos a los *skaters*; dicen que dejan de hacer sus saltos y paran cuando pasan al lado, e incluso los reconocen como "el chico de tal edifico" o "el otro chico del otro edificio". Para los adultos-jóvenes toda esta dinámica "da vida" a San Felipe. Finalmente, les gusta ver a los chicos corriendo. En general, resaltan que es más sano verlos "pateando pelota" afuera y en grupo que en casa y solos frente a sus Nintendo o PlayStation, bebiendo o drogándose. Sin embargo, también reconocen que debe haber ciertos límites: los chicos no deberían dañar el parque al jugar fútbol, los chicos más grandes deberían jugar fútbol en una cancha de verdad y los *skaters* deberían ser más cuidadosos con los peatones (especialmente con los adultos-mayores). Pero claro, también reconocen que hay chicos, *skaters* y estudiantes que son mal educados, que se emborrachan y drogan (especialmente en las noches).

Las personas de fuera se encuentran en medio de estos discursos. A las personas de fuera les gusta San Felipe: sus parques, sus veredas y sus esquinas, a las cuales encuentran perfectas para conversar, comer y jugar. También les gusta ir a San Felipe para escapar un rato de sus estudios o trabajos por un rato, así como para usar sus tiendas, panaderías, restaurantes y cabinas de internet, donde juegan en línea por un rato. Para ellos, los espacios comunes de San Felipe son públicos, pero reconocen que los vecinos tienen control sobre estos, sea por intervención directa o de los serenos. En general, intentan, con algunas excepciones, mantener la situación en calma y evitan conflictos con vecinos y serenos.

De estos tres discursos o códigos de civilidad sobre los espacios comunes, es el de los adultos-mayores el que prevalece. Los adultos-mayores no son solo demográficamente importantes (cerca del 30% de la población de San Felipe es de 60 años o más), sino que son de hecho el grupo que pasa la mayor parte de su tiempo en el barrio y que participa más en las organizaciones locales. Su peso demográfico y presencia en las organizaciones locales les da no solo contacto directo y permanente con los funcionarios de la Municipalidad, sino también mucho poder para influenciar en las decisiones y acciones de la municipalidad.

De este modo, las oficinas de Parques y Jardines y de Seguridad Ciudadana de la Municipalidad han adoptado el discurso de los adultos-mayores respecto al espacio común en San Felipe. El efecto directo de esto es que el número de serenos y de jardineros en San Felipe (y en el distrito) ha aumentado considerablemente en los últimos diez años. De modo similar, los serenos están bastante comprometidos con atender las demandas y quejas de los adultos-mayores; hacen suyo el discurso de los adultos-mayores sobre el espacio común y actúan para hacerlo respetar. De modo similar, los adultos-mayores han sido exitosos en influir en la Municipalidad para transformar el espacio común de un modo que corresponda a la idea de "espacio ornamental": una gran cantidad de jardineros han sido asignados para cuidar los parques y jardines. Los jardineros también han plantado varios arreglos florales en los parques para hacerlos más decorativos, pero también para evitar que las personas caminen y jueguen en ellos. También se han plantado arbustos alrededor de los árboles para evitar que los chicos los trepen y los parques han sido cercados para limitar el acceso. De modo similar, grupos de adultos-mayores han colocado figuras de vírgenes en algunos jardines para desincentivar que los chicos usen estos espacios, al mismo tiempo que invitan a los adultos-mayores a utilizarlos como espacios de contemplación y descanso (véase foto 4.1).[8] El espacio también se ha vuelto más funcional: la Municipalidad ha instalado bancas a lo largo de las veredas y una pequeña área de juegos en un sector del parque central de San Felipe. Se sugiere entonces a las personas el sentarse en las bancas y no en las veredas o en el parque, y se invita a los chicos a jugar en esta área de juegos y no de forma dispersa en el parque.

Los adultos-mayores son, de hecho, guardianes serios del espacio cuando ven a personas o comportamientos que desafían o van contra su código de civilidad. Sin embargo, a pesar de ser

---

8. Colocar estatuas de vírgenes en los espacios públicos es una forma interesante de colonizar el espacio: al igual que el uso de grafitis por parte de las pandillas, son también una forma de indicar quién tiene el control sobre el espacio (en este caso el discurso sobre la moralidad pública de los adultos-mayores). Sin embargo, su poder va más allá de la fuerza física. El poder de estas figuras se encuentra fuera de este mundo. Representan los valores más sagrados de la sociedad en un sentido durkhemiano, y atentar contra ellos no solo es una afrenta contra la religión, sino contra la sociedad en general. Estas desincentivan ciertas conductas que son contrarias a la "moral pública", como besarse, beber o gritar en el espacio a su alrededor. Su fragilidad (estas figuras son de loza o cerámica y se encuentran dentro de cofres de vidrio) también evitan acciones abruptas como correr o jugar en equipo a su alrededor. La presencia de personas rezando o contemplando a las vírgenes también desincentiva a las que están alrededor de hacer bulla.

Foto 4.1
SAN FELIPE EN ORDEN MORAL

Foto: Omar Pereyra.

demográfica y políticamente fuertes, los adultos-mayores no son tan buenos guardianes del espacio como pueden serlo los jóvenes.[9] Los adultos-mayores son territoriales, pero son débiles físicamente, lentos en movimiento y no forman bandas o pandillas. Es por esto por lo que tener poder sobre el cuerpo de serenazgo es importante, en el cual delegan la preservación del orden. Los serenos son el "brazo fuerte" de los adultos-mayores. Sin embargo, los serenos

9. El rol de los jóvenes y pandillas en la preservación del orden en los barrios (cuando están altamente conectados con los miembros y organizaciones de la comunidad) ha sido estudiado extensamente, y resulta ser muchas veces efectivo al enfrentar a extraños peligrosos (Suttles 1968) e incluso a grandes capitalistas que desean transformar el espacio (Sánchez-Jankowski 2008).

no están en tan buena posición para enfrentar algunas situaciones conflictivas. Primero, no distinguen quién es un vecino y quién no, y en consecuencia a veces no saben cómo enfrentar a los perpetradores. Segundo, los serenos no tienen poder legítimo sobre el espacio, ni medios físicos para imponer orden. Por el contrario, el rol de los serenos es básicamente el de disuasores y mediadores, pero no tienen el derecho de usar la fuerza física o armas de forma legítima. En lo que sigue, describiré algunas situaciones que ilustran las distintas formas en las que los vecinos y los serenos tratan con otros usuarios del espacio común cuando ven conductas o acciones que consideran inapropiadas, así como la manera en la que estas otras personas tratan con los vecinos y los serenos.

Cuidando el parque

En general he encontrado que todos los usuarios del espacio común actúan o intentan actuar con civilidad, eso es, procuran evitar tener problemas con otros. Sin embargo, existen muchas maneras en que las personas, sin saberlo —solo por estar ahí o por actuar de una manera que consideran legítima— hacen que otros se sientan incómodos. Como se mencionó, los adultos-mayores son los guardianes espontáneos del espacio común, y están dispuestos a corregir a las personas que actúan, de acuerdo con su punto de vista, de forma "aberrante". De este modo, hay situaciones incómodas y a veces conflictivas que derivan de su patrullaje del espacio. El primer problema es que algunos conflictos no están relacionados directamente a la conducta de las personas, sino a quiénes son estas (por sus rasgos físicos o comportamiento), y en consecuencia pueden ser tratadas de una forma desagradable. Aquí, nuevamente, los vecinos nuevos muchas veces son considerados como visitantes indeseables. El conflicto aparece cuando las personas son heridas en su estima o cuando un individuo es enmarcado como visitante indeseable cuando en realidad es un vecino.

El segundo problema es que la idea de moralidad y de "etiqueta de calle" (*street-etiquette*) (Anderson 1990) de los adultos-mayores es diferente a la de otros usuarios (jóvenes, vecinos nuevos y gente de fuera). Muchas veces los usuarios del espacio pueden intentar evitar tener problemas con los adultos-mayores, pero existen ocasiones en que acaban confrontando el punto de vista de los adultos-mayores al considerarlo como ilegítimo, caprichoso o conservador. Como se mencionó, la forma en la que delimitan el espacio enmarcado y sus ideas respecto a cómo debiera ser usado son distintas a las de los adultos-jóvenes y jóvenes, así como de la gente de fuera. Desde su punto de vista, estos no hacen nada malo. De hecho, consideran que están usando el espacio de un modo correcto, y a veces están dispuestos a defender su punto de vista y su derecho a usarlo.

El espacio común en San Felipe es patrullado las 24 horas por los serenos. Los serenos se mueven constantemente por el barrio, sea a pie o en bicicleta. La Municipalidad también instruye a los serenos para que sean cordiales con los vecinos, pero también los reasignan constantemente a otros lugares para que no desarrollen mucha cercanía con los vecinos y "se relajen" en su labor. Asimismo, no tienen permitido entablar conversaciones largas con los vecinos, y se les pide que estén en constante movimiento precisamente para que sean vistos como "activos".

La presencia permanente de los serenos es la primera forma por medio de la cual el orden es mantenido en San Felipe, pues desincentiva a las personas de usar el espacio de un modo que cause malestar a los adultos-mayores. Si los serenos ven a alguien haciendo algo fuera de lo establecido, su función es acercarse y pedirles que actúen de forma apropiada. Por lo general las personas hacen caso a las instrucciones de los serenos, pero, como veremos, hay ocasiones en las que las personas se resisten. Sin embargo, existen momentos en los que algunos espacios de San Felipe no están siendo patrullados por los serenos, y ocurre que a veces las personas empiezan a usar dicho espacio de un modo "inapropiado". Es ahí cuando los vecinos intervienen para restaurar el orden. Lamentablemente para los serenos, el hecho de que los adultos-mayores tengan que intervenir en estas situaciones es señalado como una falla de los serenos, por no estar allí para prevenir que ocurran estas situaciones.

Existe un patrón según el cual los vecinos intervienen directamente para reestablecer el orden cuando la persona disruptiva es considerada como de menor estatus (sea por rasgos como color de piel, de clase, apariencia o edad). Los objetivos más comunes de este tipo de acciones son los *skaters* y los estudiantes. Los adultos-mayores se dirigen a ellos en voz alta y les gritan, como ellos mismos dicen, "para que entiendan". Un par de veces he visto a adultos-mayores recriminando a estudiantes porque se estaban besando en público, comiendo en el césped o escuchando música a volumen alto (generalmente reguetón) desde sus celulares. Lo mismo ocurre con los *skaters* que hacen sus saltos en las veredas de San Felipe. Por lo general, los estudiantes y *skaters* simplemente escuchan a los adultos-mayores y les dicen que no están haciendo nada malo. La impresión que reciben de los adultos-mayores es que son conservadores, intolerantes y en algunos casos racistas. La mayoría de las veces, los estudiantes y *skaters* deciden irse como forma de evitar problemas. Algunos estudiantes me comentaron que escogían irse porque "es imposible hablar con los viejitos" o porque estos "viven en otra época". Otras veces consideran que los adultos-mayores tienen problemas mentales por su edad: "¿Para qué discutir con alguien a quien se le ha endurecido la cabeza?", preguntan. Sin embargo, cuando los *skaters* y estudiantes responden a los adultos-mayores (sea diciendo que están en un espacio público o que son vecinos y tienen derecho a estar ahí), estos se irritan y llaman al sereno porque encuentran ofensivo el hecho que el joven les responda. Esto nuevamente refuerza la idea entre los adultos-mayores de que los vecinos nuevos y las personas de fuera no tienen buena educación; lo interpretan como mala educación y falta de respeto a los mayores.

Por otro lado, los adultos-mayores son más tolerantes con los chicos que "parecen vecinos"; eso es, de piel clara, "bien vestidos" o con otras señales de estatus, ello incluso si los chicos están realizando las mismas actividades que los otros chicos a los que me he referido. El tono de los adultos-mayores es entonces más amable, como si quisieran orientarlos o hacerlos reflexionar. Dicen a los chicos que pueden hacerse daño o hacérselo a otros cuando saltan con el *skate*. También afirman que pueden romper los peldaños y la vereda al saltar. De modo similar, los chicos prefieren evitar problemas y dejan de jugar por un rato hasta que el adulto-mayor se vaya, o simplemente van a otro lugar a seguir jugando. Nuevamente, aunque para estos chicos los adultos-mayores son conservadores y fastidiosos, no los encuentran ofensivos. Prefieren no discutir con ellos, pues "son muy mayores y ya no van a cambiar su forma de pensar". Por otro lado, los adultos-mayores no creen que estos chicos sean maleducados o que tengan malos modales, sino que son "irresponsables" o "traviesos".

Los serenos están constantemente intentando evitar problemas con los adultos-mayores cuando las personas se comportan de un modo problemático para aquellos. Los serenos nuevos saben que tienen que mantener el discurso de los adultos-mayores sobre el uso del espacio. Sin embargo, tienen que aprender que por hacer eso pueden ganarse problemas si la persona con la que se enfrentan es otro vecino de San Felipe. Vecinos jóvenes me comentaron que han tenido que lidiar con serenos y "ponerlos en su lugar" al reafirmar su derecho a usar el espacio. Por ejemplo, Luis Borja, un sanfelipano de segunda generación, me contó esta anécdota:

> Mi hijo tenía 6 años, y yo lo llevaba al parque a patear pelota. Tú sabes, no a jugar fútbol, sino patear pelota. De repente vino un sereno y me dijo que no estaba permitido jugar fútbol en el parque. Y le dije: "Compadre, ¿estás loco? ¡El chico tiene 6 años! ¿Qué daño puede hacer?". El sereno me dijo otra vez que estaba prohibido. Yo le dije: "¿Entonces a dónde quieres que vaya a jugar con mi hijo? ¿Al estacionamiento o la

avenida?". El sereno no supo qué contestar y se fue. Y seguimos jugando. Siempre tengo discusiones como esa con los serenos.

Durante el resto de mi trabajo de campo vi continuamente a Luis Borja jugando con su hijo en el parque, frente a los serenos. No vi que los serenos se le acerquen y le pidan que dejen de jugar. Por el contrario, durante ese año, noté que otros dos niños de la edad de su hijo se les unieron para jugar. Sin embargo, vi a algunos adultos-mayores mirándolos con preocupación desde la vereda. Se veían fastidiados. Sin embargo, nunca vi a los adultos-mayores pidiendo a los serenos que intervengan.

Como Luis Borja, otros vecinos jóvenes me mencionaron que han enseñado a sus hijos que tienen derecho a usar el espacio, pues son vecinos de San Felipe. También los instruyen para que si tienen problemas con algún sereno le pidan su nombre (el cual siempre aparece en una etiqueta en sus uniformes) y se los hagan saber para ir a la oficina de serenazgo y presentar una queja. Algunos chicos también son instruidos para tratar al sereno como alguien cuyo trabajo es el de protegerlos y no el de molestarlos. Por ejemplo, Antonio Casas, otro padre joven, me contó orgulloso la siguiente anécdota:

> Ella [su hija de unos 12 años] estaba montando su *scooter* en la vereda. Un sereno la vio y se le acercó en su bicicleta y se le cruzó. "Niña, no puedes manejar *scooter* acá. Está prohibido". Ella se hizo a un lado y siguió montando su *scooter*. El sereno se le acercó otra vez y le dijo: "Niña, está prohibido montar *scooter* acá". Ella respondió: "No está prohibido". Y el sereno respondió: "Está prohibido y es peligroso. Puedes hacerle daño a alguien". Y ella respondió: "No estoy haciendo daño a nadie. Es bien seguro. Y si está prohibido montar *scooter* entonces también está prohibido que manejes tu bicicleta. Si tú y todos los serenos dejan de montar bicicleta, yo dejo de montar mi *scooter*. Y ya deje de molestar". Ella siguió manejando su *scooter*. El sereno se quedó confundido un toque y se le acercó otra vez: "Okey, okey, pero por favor anda despacio. Al menos trata de no molestar a los mayores". Y ella respondió: "No estoy molestando a nadie. ¿Acaso alguien se ha quejado? No ¿No?". Ella siguió en su *scooter* y el sereno se quedó donde estaba. Luego de unos segundos, el sereno se fue a otro lado y siguió su camino en su bicicleta.

De este modo, por medio de episodios repetidos, los sanfelipanos más jóvenes y sus hijos no solo protegen su derecho al uso del espacio, sino que también instruyen a los serenos para no interferir con los vecinos y sus hijos. Por otro lado, los serenos tienen que aprender a encontrar una forma de satisfacer a los adultos-mayores manteniendo el control del espacio y a la vez evitar tener problemas con los vecinos más jóvenes. Para lograr esto, deben aprender a reconocer quién es un vecino y quién no (sea reconociéndolos como personas que ven constantemente en San Felipe o simplemente evaluando sobre la base de sus características). Si fallan a la hora de identificar a un vecino e intentan detenerlo para llamarle la atención, pueden ganarse un problema. Por otro lado, si reconocen que una persona es un vecino pero no controlan su conducta, pueden ganarse un problema con los adultos-mayores. Además, los serenos nuevos tienen más posibilidad de afrontar problemas con los vecinos jóvenes al intentar mantener el control del espacio. Los serenos más experimentados aprenden que para mantener el espacio en orden sin molestar a los vecinos tienen que reconocer quién es un vecino y quién no, pero también aprenden que la mejor manera de evitarse problemas es ser permisivo con las personas en el espacio común, al mismo tiempo que negocian y mantienen la situación bajo ciertos límites.

Extraños incómodos

Los estudiantes y los *skaters* generalmente son considerados en San Felipe como personas de fuera. Se les puede encontrar en grupos de tres a ocho personas. Los estudiantes son jóvenes de entre 18 y 24 años que asisten a Cibertec-UPC, una universidad privada de tamaño mediano ubicada al frente de San Felipe y considerada de buena calidad. Sus estudiantes no pertenecen exclusivamente ni al sector socioeconómico bajo ni al alto. Por el contrario, son bastante diversos en cuanto a su nivel socioeconómico, color de piel y lugar de residencia. La mayoría de ellos no son de San Felipe o alrededores, pero sí hay jóvenes de San Felipe que estudian o han estudiado en Cibertec-UPC o en universidades similares en Lima. Los *skaters* son mucho menores, la mayoría de entre 12 y 16 años. Respecto de su color de piel y nivel socioeconómico son también diversos. Sin embargo, en relación con su lugar de origen son más homogéneos: hay grupos de *skaters* cuya mayoría de sus miembros son vecinos de San Felipe; mientras en otros grupos todos son personas de fuera, pero siempre de barrios cercanos a San Felipe; y finalmente hay grupos mixtos formados por algunos chicos de San Felipe y sus amigos de otros lados (generalmente amigos de colegio).

Los vecinos adultos-mayores consideran a los estudiantes y *skaters* como poco educados y de malos modales, como "contaminadores" de San Felipe, cuya presencia y comportamiento son generalmente vistos como una amenaza al código de civilidad de los adultos-mayores. Como en el caso de los vecinos nuevos, sus atributos (características físicas y comportamiento) son para los adultos-mayores señal de deterioro del barrio; y aunque reconocen que algunos *skaters* son vecinos de San Felipe, los ven como los hijos de los vecinos nuevos, y en consecuencia de menor estatus y calidad moral. Al pedir a los vecinos adultos-mayores que comparen a estos chicos con sus propios hijos cuando eran menores, mencionan que sus hijos eran definitivamente mejor educados, más disciplinados y más respetuosos. Sin embargo, son siempre ambiguos respecto a los *skaters*. Por un lado, los asocian —por sus características físicas, forma de hablar, comportamiento, manera de vestir (con ropa ancha) y modo en que interactúan con los adultos-mayores— con los barrios marginales de Lima, y algunos adultos-mayores incluso vinculan los robos en San Felipe con la presencia de estos *skaters* en la calle.[10] Por otro lado, los ven como "chicos", y consideran que aún

10. Algunos vecinos mencionaron que sienten miedo cuando grupos de *skaters* pasan a su lado, pues piensan que van a ser atacados. Algunos vecinos mayores mencionaron que cuando los *skaters* "parecen" estarse tomando fotos haciendo sus saltos y piruetas, en realidad están estudiando las rutinas de los vecinos y tomando fotos de los departamentos para planificar un robo.

se les puede "corregir" o "educar", o quizás hacerles entender que no deben estar en San Felipe.

Para los adultos-mayores, la imagen de los estudiantes es menos intimidante que la de los *skaters*. Sin embargo, también los consideran como "contaminantes", si bien que sean estudiantes mejora su imagen. De hecho, los adultos-mayores generalmente están de acuerdo en que los estudiantes son bienvenidos a San Felipe siempre y cuando se comporten adecuadamente. Sin embargo, su presencia también es perturbadora. Nuevamente, por sus características físicas (particularmente color), forma de hablar (uso de lisuras, su tono y en algunos casos acento y empleo de jerga) y comportamiento (tenido por impropio para el lugar), para la mayoría de los adultos-mayores son "migrantes" o "pobladores de barriadas", lo que a sus ojos les confiere un estatus moral, cultural y social inferior. Por estas razones, los *skaters* y los estudiantes se tornan en los principales objetos de quejas de los adultos-mayores y, en consecuencia, los principales sujetos de vigilancia para los serenos por ser potencialmente peligrosos para la preservación del carácter moral del espacio común y el barrio.

Skaters en público

Para los *skaters*, las veredas y peldaños de San Felipe son perfectos para montar *skate* y practicar saltos. Como los estudiantes, los *skaters* ven los espacios comunes de San Felipe como públicos. Sin embargo, su forma de percibir el espacio es distinta a la de los peatones. Los *skaters* buscan irregularidades, peldaños, bordes y obstáculos para experimentar con ellos y dominarlos con el *skate* de una forma artística. Para desarrollar estas habilidades, los *skaters* generalmente escogen un lugar en San Felipe y empiezan a probar sus maniobras. Una vez en este espacio, tienen la posibilidad de practicar con el mismo obstáculo varias veces hasta dominarlo.

La mayor parte del placer de montar *skate* viene de practicar estas maniobras en grupo. De este modo, los chicos muestran sus habilidades a los otros y a su vez aprenden nuevas maniobras de los otros chicos. Montar *skate* en grupo es también una forma de evitar conflictos con los vecinos, pues muestran así a los peatones que ellos han tomado un lugar. En consecuencia, los peatones muchas veces evitan pasar por ese lugar (yendo a otra vereda, por ejemplo) o piden permiso cuando van a pasar. Varias veces vi a personas (vecinos o no) que caminaban por uno de estos espacios detenerse y esperar a que uno de los chicos termine con su pirueta. Sin embargo, hay veces en que el peatón no se detiene. En estos casos son los *skaters* los que lo hacen hasta que la persona pase.

Formar un grupo también permite a los *skaters* tener varios ojos en distintos lugares del espacio. Esto es particularmente importante para evitar accidentes y prevenir conflictos con los vecinos, dado que a veces el *skater* que está haciendo una maniobra no ve a los peatones, sobre todo cuando hay puntos ciegos o cuando su ejecución (su preparación, llegar a la velocidad necesaria, dar el salto, hacer los giros y tener el tiempo necesario para detenerse) demanda buena parte de su atención. Cuando uno de ellos está a punto de hacer una de estas piruetas, los otros se ubican en distintos puntos para asegurarse de que no hay peatones acercándose. Los miembros del grupo avisan así si algún peatón se acerca, especialmente si es un adulto-mayor. En ese caso, los chicos paran inmediatamente y dejan pasar al peatón; sin embargo, hay veces en que los chicos no ven a alguna persona acercándose y el conflicto puede ocurrir.

Aunque estuve en muchas situaciones en las que había cierto riesgo de que los *skaters* pudieran dañar a alguien, no vi directamente ningún accidente. En general, los vecinos más jóvenes simplemente se quejan con un simple "hey, tengan cuidado. Pueden golpear a alguien", y luego siguen caminando. Por el contrario, los adultos-mayores se detienen y les dan un discurso largo que incluye una reprimenda por no tener cuidado, por ponerlos en riesgo, por no comportarse correctamente, por hacer cosas que no están permitidas en San Felipe (montar *skate*) y por dañar las veredas y gradas. También les dicen que deben ir a una pista de *skate*. Por lo general, los *skaters* dejan de jugar mientras escuchan a la persona mayor hasta que termina y se va. Comúnmente no contestan, les dicen que no los vieron acercarse y piden disculpas. Cuando la persona mayor se va, los *skaters* dejan de jugar por un rato y luego continúan. Otras veces se van y buscan otra esquina donde seguir saltando.

En muchas ocasiones, debido al ruido que hacen, los vecinos gritan a los *skaters* desde las ventanas de sus departamentos. Mayormente, los *skaters* los escuchan, les piden disculpas y dicen que van a seguir jugando más tranquilos. Pero igual, luego de un rato tornan a jugar y vuelven a hacer bulla. En algunas ocasiones, el vecino que estaba gritando baja al primer piso para confrontar a los *skaters*. Cuando estos *skaters* se dan que se acerca, se avisan, todos suben a sus *skates* y desaparecen rápidamente.

En otras ocasiones, un sereno llega a interrumpirlos. La mayor parte de las veces, cuando los *skaters* ven al sereno acercarse, suben a sus *skates* y se alejan rápidamente. Sin embargo, hay veces en que los *skaters* esperan a que el sereno se acerque. En general, los *skaters* locales saben cómo tratar con el sereno; esto es, les dicen que son vecinos y que tienen derecho a usar el espacio. El sereno les dirá que sigan jugando, pero con más cuidado y haciendo menos bulla, pues algunos vecinos se están quejando o les dicen que pueden dañar a alguien que esté pasando. Los chicos aceptan tener más cuidado y siguen jugando. Por lo general el sereno se quedará con ellos por un rato, para pedirles que se detengan cuando se acerca un peatón (especialmente si este es un adulto-mayor). La presencia del sereno generalmente fastidia a los chicos, pues tienen que jugar de modo más moderado, lo que hace que todo sea menos divertido. Por lo general, luego de un rato, los chicos acaban por ir a jugar a otro lado donde puedan hacerlo de modo más espontáneo. También he notado que los serenos más experimentados llegan a conocer a los chicos locales, y se les acercan cada cierto rato para asegurarse de que no estén haciendo mucho ruido y recordarles que tengan cuidado. Algunas veces el sereno incluso se interesa en los saltos y maniobras de los chicos y se convierte en una suerte de supervisor amigable. Luego de algunos minutos el sereno se retira y continúa con su rutina.

En el caso de *skaters* de fuera, su estrategia defensiva consiste en decir que tienen derecho a usar el "espacio público". La mayoría de las veces el sereno se les acerca y les dice que está prohibido montar *skate* en San Felipe o que los vecinos se están quejando de la bulla. Los *skaters* reclaman que no está prohibido montar *skate* allí y que no están molestando a nadie. El sereno dirá que no está permitido montar *skate* y que pueden hacer daño a alguien. Los chicos responderán que están teniendo cuidado y que siempre están vigilando que no hayan peatones cerca cuando hacen sus saltos para evitar problemas. En este punto, los serenos simplemente no continúan con la conversación y se quedarán allí para supervisar a los *skaters* y decirles que se detengan cuando ven a un peatón acercarse. Por lo general, los chicos continúan jugando allí por un tiempo, pero siempre se sienten constreñidos y limitados por la presencia del sereno. Luego de un rato se van y buscan otro lugar para seguir jugando.

Los adultos-mayores describen su relación con los *skaters* como "una lucha constante por mantener el orden". Les pregunté qué les fastidiaba tanto de esta actividad, además de que los *skaters* sean "personas de fuera". Mencionaron que montar *skate* no solo es una actividad peligrosa, sino también una actividad que estaba fuera de lugar. A lo que se referían con esto es que la infraestructura de San Felipe no está hecha para montar *skate*. Al contrario del punto de vista de los *skaters*, que ven las veredas y peldaños como lugares para experimentar y jugar, los adultos-mayores los ven como hechos para caminar. Aceptan que los chicos tienen derecho a jugar, pero San Felipe no es un lugar diseñado para ello. Incluso reconocen que el barrio carece de lugares apropiados para jugar, pero ello no significa que los parques y veredas puedan ser usados para este fin. Algunos vecinos mencionan que los *skaters* deberían ir a una pista de patinaje y *skate* de la Municipalidad (a unas veinte cuadras de San Felipe), la cual es un "un lugar adecuado para montar *skate*".

Estudiantes en público

Cibertec-UPC funciona en un edificio grande frente a San Felipe. Además de una cafetería y estacionamiento para autos, no ofrece mayores espacios de recreación para sus estudiantes. En consecuencia, muchos de ellos van a San Felipe durante sus horas entre clases porque es un lugar bonito para caminar y relajarse. Sin embargo, también se dan con que los vecinos y los serenos tienen control sobre el espacio.

El primer motivo de conflicto entre vecinos mayores y estudiantes es que mientras para los estudiantes tal espacio es público y se comportan en él en tanto tal, los vecinos mayores lo consideran como privado. A través de su supervisión directa o indirecta por medio de los serenos, los vecinos mayores hacen que su posición prevalezca. Los estudiantes, en general, tratan de evitar problemas con los vecinos y serenos e intentan comportarse de acuerdo con el código de civilidad de los vecinos mayores. Aun así, la posición de los vecinos sobre el espacio público es para ellos conservadora y "sin sentido".

La sola presencia de los estudiantes, sobre todo si están en grupos, es preocupante para los vecinos mayores, quienes los consideran —al igual que los vecinos nuevos en San Felipe—migrantes o personas que vienen de las periferias de Lima (entiéndase barriadas), por su color más oscuro (y rasgos indígenas), por su forma de vestir (estilo hip-hop) o por su comportamiento "inapropiado" (como besarse en público, escuchar música a alto volumen, hablar alto, sentarse en las veredas o por caminar sobre el césped o sentarse en él). Como los vecinos nuevos, son considerados por los vecinos mayores maleducados, carentes de buenos modales y, en consecuencia, de inferior estatus y como una afrenta al orden moral del barrio. Pero nuevamente, aunque casi siempre el comportamiento de los estudiantes en San Felipe es de hecho pacífico, a veces están en medio de dos visiones contrapuestas respecto del espacio. Todos los actos que son considerados por los vecinos mayores como faltas de conducta no serían tales en espacios públicos de la ciudad, y es por ello que los estudiantes no crean que están cometiendo ninguna falta.

Por lo general, cuando los estudiantes vienen en grupos y se sientan o juegan en el parque, escuchan música o hablan alto, o juegan a las cartas o a los dados, se acercará un vecino o algún sereno y les pedirá que se comporten. Normalmente los estudiantes hacen caso y se mantienen calmados. La mayoría de las veces abandonan el lugar luego de un rato, van a algún otro lado en San Felipe o vuelven a Cibertec-UPC. Me les acerqué varias veces luego de que un vecino o un sereno les hablaran. Los estudiantes dicen que no entienden de qué es de lo que se quejan: "No estamos haciendo nada malo", "Estamos acá, tranquilos, y los vecinos se quejan", "No sé qué quieren". Aseguran que los vecinos o los serenos los acosan constantemente y se les acercan para echarlos. En general, se sienten bastante incómodos con estas situaciones y ven a los vecinos de San Felipe como intolerantes, conservadores e incluso racistas. Por lo general, los estudiantes se fastidian, pero reprimen su descontento para evitar tener más problemas con los vecinos.

Los estudiantes recuerdan situaciones en las que refutaron al vecino o al sereno. Yo no observé ninguna en que confronten a un vecino, pero sí algunas en que lo hicieron con un sereno. Para los estudiantes, si el vecino era mujer, se mostraba bastante territorial y agresiva si la refutaban, y podía acabar insultándolos, llamándolos "maleducados" (por contestar a una persona mayor). Recuerdan también que algunas veces han recibido insultos racistas; que intentan conversar con los vecinos, pero "es difícil hablar con ellos".

Un par de ellos, ambos de color oscuro, incluso aseguran que su imagen de San Felipe ha cambiado después de estos encuentros. Uno de ellos dice:

> Uno cree que porque estás en un sitio como San Felipe vas a encontrarte con gente bien educada o amable, pero me he encontrado con algunos viejitos que son... ¡uff! Uno no puede creer que exista gente tan retrógrada, racista, y que hablen de esa forma, con insultos y lisuras y todo. Y luego dices... en esos casos ya mejor uno se calla, porque esa persona vive en otro siglo. No se puede razonar con ellos.

Por otro lado, los vecinos mayores mencionan que cuando se acercan a los estudiantes, la mayoría de las veces les responden de mala forma, en voz alta y faltándoles el respeto. Lo que aparece como claro de estas descripciones es que la imagen que se mantiene entre los vecinos mayores es que los estudiantes son "maleducados" y de "malos modales", mientras que para los estudiantes los vecinos son "conservadores", "intolerantes" y en algunos casos "racistas".

Sí he observado situaciones en que los estudiantes enfrentan a los serenos. Sostienen que el parque es un espacio público y que no están haciendo nada malo. También alegan que no están haciendo más bulla que los niños que juegan o que cualquier otro usuario del parque (incluyendo a los vecinos). Reclaman además que los serenos deberían hacer un mejor trabajo para poner orden en el parque porque hay otras personas (otros vecinos o algunos jóvenes locales) que toman alcohol o fuman marihuana en público. Les dicen a los serenos: "Ellos son los que hacen problemas", "¿Por qué no van o los controlan a ellos?", "Nosotros no hacemos nada malo". En general, los serenos reconocen que los estudiantes no son problemáticos, pero tienen que responder ante las quejas de los vecinos y que en realidad solo quieren que las cosas se mantengan en calma. No he observado situaciones que hayan ido más allá de este punto. Aun así, los estudiantes mencionan que les irrita tener que enfrentarlas, pero al final acaban haciendo caso al sereno para evitar que este tenga problemas con los vecinos.

Sin embargo, el comportamiento en público de algunos estudiantes —como he podido observar— podría ser juzgado como malo (incluso bajo los estándares de un espacio público). Algunos vecinos han visto a estudiantes orinando al pie de los árboles, tomando alcohol o consumiendo drogas. Un vecino mayor me contó la siguiente anécdota:

> Estaba en mi departamento. Esto era en la noche, como a las nueve, y escuché gente riéndose y gritando afuera, chicos y chicas, tú sabes, no una risa normal, sino como si fuera una fiesta. Y pensaba ¿qué está pasando? Entonces vi por la ventana a un grupo de estudiantes tomando [alcohol], y quién sabe qué más habrán estado haciendo. Entonces bajé y me acerqué. Les dije que no podían tomar en el parque. Una chica —se veía que estaba borracha— se paró, se me acercó y me eructó en la cara. Todos se rieron. ¿Qué podía hacer? Uno no puede discutir con esta gente. Entonces solo les dije que iba a llamar al serenazgo. Y claro, los serenos no están cuando los necesitas. Cuando encontré al sereno y volvimos, los chicos ya se habían ido. Luego vinieron tres serenos, pero los chicos ya se habían ido. Entonces lo único que hicieron fue escribir un reporte.

Nunca vi a estudiantes tomando alcohol en el parque durante mi trabajo de campo, incluso tarde en la noche. Sin embargo, unas cuantas veces en la mañana encontré botellas de cerveza y colillas de cigarros acumuladas debajo de algún árbol, en alguna esquina o en las gradas. Lo que sí observé, en algunas ocasiones, fue a grupos de estudiantes (asumo, dado que tenían mochilas) fumando marihuana debajo de algún árbol o de algún edificio. Sin embargo, a los que vi tomando cerveza y fumando marihuana durante la noche (y con frecuencia) era a los jóvenes locales. Muchas veces los vecinos mayores no hacen distinción entre quién es un estudiante y quién es un joven local; consideran a ambos "gente de fuera".

Regulando lo inaceptable

En uno de los lados de San Felipe hay un terreno vacío rodeado por una zona de estacionamiento. Allí hay un edificio de oficinas, pero la mayor parte está vacía (véase foto 4.2). Esta área fue concedida al Club Cajamarca[11] por el Estado en los años ochenta. Sin embargo, dicho club casi no ha usado esta área porque la Municipalidad de Jesús María no le da dado el permiso de construcción. El terreno está rodeado por una pared que evita que otras personas la usen. Aunque en su mayor parte el área está abandonada, una tercera parte está ocupada por una losa de fútbol y básquetbol que fue construida recientemente y empezó a ser alquilada durante los últimos meses de mi trabajo de campo. El área de estacionamiento a su alrededor tampoco tiene mucho uso.

Históricamente, toda esta área ha sido problemática para los sanfelipanos. Durante años se resistieron a la apertura del Club Cajamarca por el temor a que perturbaran la calma de San Felipe. En el supuesto de que los miembros de este club serían "migrantes", los sanfelipanos creían que si llegaba a funcionar tendrían grandes fiestas con mucho alcohol y música fuerte, y que la gente orinaría por todos los alrededores. Algunos sanfelipanos recuerdan que años atrás el Club Cajamarca usaba esta área para sus fiestas patronales, con música, comida y consumo de muchas cajas de cerveza. En general, los vecinos tradicionales de San Felipe tienen muchas aprehensiones respecto al futuro de esta área y continuamente observan y comentan sobre las actividades realizadas en ella y sus alrededores.

11. Una asociación de migrantes provenientes de este departamento en la sierra norte de Perú. Aunque muchos de estos clubes de migrantes congregan a migrantes relativamente exitosos, en general, los clubes de migrantes son estigmatizados como asociaciones de migrantes de origen rural y pobre.

Foto 4.2
PARTIDO DE FÚTBOL
(Club Cajamarca y área de parqueo)

Foto: Omar Pereyra.

Regulación espontánea

Los vecinos mayores mencionan que controlar el parqueo alrededor del Club Cajamarca es una lucha constante; que siempre hay personas de fuera usándolo como cancha de fútbol; que vienen de barriadas y tienen malas costumbres. Los vecinos mayores aseguran que gritan lisuras, que cuando los vecinos pasan al lado ellos siguen jugando, y ha habido ocasiones en que la pelota ha golpeado a algún niño o a alguna persona mayor; que se quitan la ropa luego de los partidos y caminan en ropa interior, que orinan en público, que a veces se pelean, y que luego del partido empiezan a tomar en la vereda. Recuerdan que hubo un tiempo en que estas personas de fuera organizaban campeonatos (contrataban árbitros, traían a sus familiares y amigos para hacerles barra e incluso aparecían vendedores de choclo con queso y papas sancochadas). Como respuesta, las organizaciones locales pidieron al alcalde que prohíba estos partidos y que envíe a serenos al lugar. Afirman que las cosas están mucho mejor ahora, pero aún hay veces en que ("ellos") aparecen nuevamente. En general, los vecinos tradicionales, en especial los adultos-mayores, enmarcan a las personas que se reúnen a jugar fútbol como "migrantes", cuya presencia les genera ansiedad. Su preocupación principal es que con el tiempo esta área acabe pareciendo una barriada. Luego de tres meses en mi trabajo de campo, decidí observar esta área de forma sistemática como parte de mi rutina, incluyendo todos los sábados en las tardes. Luego de asistir a algunos partidos de fútbol y de hablar con otras personas que siempre miran los partidos, en algunas ocasiones me pidieron que tome el tiempo a los partidos, y algunas veces que guarde el dinero si el partido incluía una apuesta.

Todos los sábados por la tarde, varios de los trabajadores de San Felipe (guardianes de edificios, limpiadores de carros, carpinteros, electricistas y dueños de bodegas), algunos vecinos y trabajadores de las calles alrededor de San Felipe se reúnen en el parqueo a jugar fútbol. Algunos de estos trabajadores han estado en San Felipe por décadas, y ahora se encuentran en sus 50, 60 y 70 años; son personas humildes y todos parte de una primera generación de migrantes. Tienen marcados rasgos indígenas, hablan con acento de provincia, y visten ropa de trabajo (a veces sucia y con huecos). Viven en algunas de las áreas más antiguas de invasiones de Lima (las que se mantienen pobres) o en barriadas relativamente nuevas.

Para estos partidos, montan dos arcos improvisados usando piedras. Organizan rápidamente dos o tres equipos dependiendo del número de personas que se reúnan y empiezan a jugar desde las 4 p. m. hasta que anochece. Los trabajadores mayores normalmente se sientan en los alrededores para observar el partido mientras toman una gaseosa y fuman un cigarrillo. A veces uno o dos de ellos se animan a jugar un rato. Algunas oportunidades se congregan más observadores y algunos de ellos acaban formando un tercer o cuarto equipo. En general, su conducta es muy distinta a la que describen los vecinos. Los jugadores (trabajadores y vecinos) tratan de ser respetuosos con las personas que pasan al lado, pero en ocasiones cometen faltas. Desafortunadamente para ellos, son estas faltas las que los vecinos recuerdan y resaltan, y que les sirven de referencia para enmarcar a estos eventos y sus protagonistas.

Durante un partido, los jugadores tienden a gritar. Sin embargo, aunque intentan controlarse, de vez en cuando se les escapan algunas lisuras, a veces en voz alta. En otras ocasiones el juego se vuelve más fuerte y empiezan a gritar e insultarse, pero si alguno usa una grosería, los demás intentan callarlo para hacer que las cosas se calmen y evitar problemas con los vecinos. En general, los jugadores son muy cuidadosos de su conducta. Sin embargo, siempre uno de los jugadores, "Camión", es bastante temperamental y se irrita fácilmente. Camión trabaja vendiendo periódicos y gaseosas en una avenida cerca de San Felipe. Los otros trabajadores, principalmente los que laboran en San Felipe, saben en cambio que su trabajo y estabilidad depende en buena medida de llevarse bien con los vecinos. Por tanto, no ignoran que son constantemente observados por los vecinos y que estos comentan sobre ellos. La situación de Camión es distinta: su trabajo es fuera de San Felipe, no conoce a los vecinos y su trabajo no depende de tener buenas relaciones con ellos. Son los otros trabajadores los que tratan de calmar a Camión, y Camión controla su comportamiento solo para poder seguir jugando.

Cuando Camión empieza a gritar, los otros responden gritándole: "Contigo no se puede jugar", "la próxima tú no juegas". El grupo agrega presión para resolver la situación diciendo que dejen de discutir porque están perdiendo tiempo y va a anochecer pronto. En algunas situaciones, los trabajadores llaman "marica" a Camión por su hábito de crear escándalos de la nada. Otros le dicen: "Si no quieres que te toquen, anda a jugar vóley".[12] Cuando Camión ve que todo el grupo está en su contra, se hace a un lado y se sienta en una de las gradas. Pero si la situación continúa siendo conflictiva, entonces todos detienen el juego hasta que la situación se calme.

En general, los trabajadores siguen jugando cuando pasa un adulto o persona joven al lado. Sin embargo, se detienen cuando ven a un adulto-mayor (en especial si es mujer) o cuando ven a una mujer con un niño o bebé. No obstante, a veces el calor del juego hace que esta deferencia no sea inmediata. Unas cuantas oportunidades los jugadores no vieron que una persona mayor pasaba al lado y la pelota acabó pasando a unos cuantos metros de ella. El peatón se siente un poco ofuscado, pero no dice nada. Los jugadores piden disculpas y detienen el juego hasta que la persona termine de pasar. Uno le dice a otro: "Tienes que parar pes. Vamos a tener problemas". Otro le dice a las personas que observan el juego: "Hey, tienen que avisarnos pes, cuando venga alguien". Luego de un momento reanudan el juego. Siempre hacen estos comentarios en voz alta para que quede claro para la persona que pasa que están teniendo cuidado. Otro día, una mujer mayor pasó al lado. Los jugadores detuvieron el juego inmediatamente. Evitaban mirar directamente a la señora, pero uno le dijo: "No se preocupe, señora, todo está bien". La señora todavía se veía un poco fastidiada por el juego, y más bien aceleró la marcha para pasar rápido. Los jugadores reanudaron el juego cuando la señora había pasado. Uno de los que observaban me comentó: "Siempre es importante mostrar a los vecinos que tenemos cuidado cuando jugamos. Siempre pedimos disculpas. Tú sabes, tenemos que llevar las cosas tranquilas. Los vecinos siempre se quejan, y tenemos que tener mucho cuidado".

---

12. En Perú, tradicionalmente, el vóleibol es considerado un deporte femenino, mientras que el fútbol es masculino. Sin embargo, estas asociaciones tienden a debilitarse lentamente.

Comúnmente, las personas que pasan al lado son adultas o jóvenes. Entonces los jugadores no detienen el juego. Un par de veces la pelota acabó pasando cerca de ellos, pero no se inmutaron, y siguieron caminando. A veces los jugadores se disculpan. En algunas ocasiones el peatón simplemente esquiva la pelota, la recoge y la devuelve (de una patada) con una pequeña sonrisa. Los jugadores agradecen. Las personas que observan el juego ríen por el incidente y empiezan a fastidiar al que pateó la bola fuera de la cancha.

Los partidos por lo general terminan cuando está oscuro y se torna difícil ver la pelota. Luego los jugadores se quedan un rato en el lugar y conversan. Comentan y se burlan de otros que fallaron un gol o que les hicieron una jugada de lujo. Algunos compran agua o gaseosas. Los mayores, los que estaban observando, fuman otro cigarrillo. En general, no se cambian de ropa en la calle (solo se ponen una chompa encima si es que hace frío), pero si lo hacen es detrás de alguna pared o columna. Sin embargo, la pared no los cubre completamente. Puedo imaginar que desde algunas ventanas algunos vecinos pueden verlos cambiándose. Finalmente, cuando oscurece, los jugadores y observadores regresan a sus casas.

Perdiendo el control

"El Gato" es un vecino joven de unos 20 años que de vez en cuando llega a jugar. A diferencia de los trabajadores, que juegan con ropa y zapatos viejos, mientras los vecinos adultos lo hacen con polos y zapatillas relativamente baratas, el Gato usa una camiseta de un club español y calzado de fútbol. El Gato es más rápido y habilidoso que los otros jugadores. Como Camión, el Gato es también bastante irritable. De hecho, cuando Camión y el Gato juegan, los demás suelen mostrarse más preocupados. El Gato grita, patea la pelota fuerte y suele tener menos disposición a detener el juego cuando pasan personas al lado. Los otros jugadores tratan de controlarlo, pero la mayoría de las veces los ignora. Los trabajadores no usan los mismos mecanismos de control que emplean con Camión (amenazarlo con que la próxima vez no lo van a dejar jugar o decirle "marica"); solo le dicen que juegue tranquilo. Esto ocurre porque el Gato es vecino, y los trabajadores no están en posición de excluirlo del juego. Aunque usar el parqueo para jugar es de por sí problemático, los vecinos siempre tienen un mayor margen de poder para hacerlo. De hecho, posiblemente la razón por la cual los trabajadores pueden jugar los sábados es porque algunos vecinos también son jugadores regulares en estos partidos. Por cierto que no he visto un partido en el cual solo jueguen trabajadores. Siempre hay uno o dos vecinos participando.

El carácter de los partidos cambia cuando vienen algunos vecinos jóvenes (los amigos del Gato). Los partidos se vuelven más serios y los jugadores juegan de una manera más competitiva. Los jóvenes no forman un equipo para jugar contra los jugadores regulares, sino que se mezclan para hacer que los equipos sean más parejos. Como el Gato, la mayoría de estos jóvenes llevan camisetas de clubes importantes (Barcelona, Real Madrid, Bayern-Múnich, Inter-Milan) o de países (Argentina, Alemania, España, Italia), así como zapatillas de fútbol. Cuando vienen los jóvenes, la mayoría de los trabajadores prefieren no jugar y convertirse en observadores.

Al igual que el Gato, los jóvenes son más temperamentales y agresivos, gritan durante el partido (incluyendo insultos y lisuras), patean la pelota más fuerte y son menos cuidadosos con las personas que pasan al lado. Los trabajadores y vecinos adultos no tienen mucho éxito en su intento de mantener el juego tranquilo, solo para detener el juego cuando una persona mayor pasa. Sin embargo, siempre se demoran más en detener el juego e invariablemente puede notarse el fastidio y hasta miedo de la persona mayor, y nuevamente los trabajadores y vecinos adultos que juegan en estos partidos cuidan su conducta mucho más que los jugadores jóvenes.

En solo dos ocasiones encontré solo a vecinos jóvenes jugando fútbol. Eran los suficientes para armar dos equipos y tener un partido serio. Todos los trabajadores fueron relegados y se limitaron a observar. Pregunté por qué no jugaban. Algunos comentaron "porque los chicos son muy rápidos y juegan bien" o "el juego es de verdad y están apostando", o que si jugaran "quedamos mal por ser lentos y no jugar tan bien". Otros respondieron que cuando los chicos se molestan gritan mucho y empiezan a insultarse unos a otros, y se vuelve imposible controlarlos. Entonces preferían hacerse a un lado para evitar problemas con los vecinos y los serenos.

Al comparar el comportamiento de los jugadores durante los partidos de fútbol podemos ver que los trabajadores están generalmente en una posición vulnerable. Prefieren evitar conflictos con los vecinos. Su estrategia principal es la de tener cuidado y comportarse de la manera más correcta posible. También se abstienen de jugar cuando los vecinos jóvenes vienen a jugar en grupo, en parte para evitar verse involucrados en conflictos con los vecinos mayores por el comportamiento de los vecinos jóvenes. A pesar de todas estrategias para evitar tener problemas, no tienen mucho éxito. Los vecinos mayores de todos modos ven sus faltas de conducta cuando juegan, cuando toman gaseosas se cree o se asume que están tomando alcohol, los ven fumando echados en el piso y probablemente los ven cuando se cambian sus ropas. Pero, sobre todo, los jugadores regulares (vecinos adultos y trabajadores) son acusados por lo que otros hacen (jugadores de fuera como Camión o vecinos jóvenes como el Gato y sus amigos), y luego estos actos son atribuidos a todo el grupo de jugadores.

Luego de algunas semanas observando los partidos de fútbol y de tener una idea clara sobre quiénes eran los jugadores regulares y quiénes los ocasionales, empecé a preguntar otra vez a los vecinos sobre los partidos de fútbol. Estos confirmaron la imagen previa que tenían; que los jugadores eran personas de fuera, que gritaban y que tenían mala conducta: dicen lisuras, se quitan la ropa en público y toman alcohol. Esta vez señalé que en buena cuenta los jugadores eran los trabajadores de San Felipe, los lavacarros, los gasfiteros, los guardianes de edificios y también algunos vecinos. Sin embargo, la mayoría de las veces los vecinos mayores me replicaban diciendo que estas personas eran definitivamente gente de fuera. Algunos reconocían que efectivamente algunas veces habían visto a alguno de los guardianes de edificios o alguno de los lavacarros (los que trabajan cerca de su edificio), pero todos los demás eran gente de fuera. También mencioné a los vecinos jóvenes que juegan, pero me explicaron que estos eran gente de fuera o los "hijos de los [vecinos] nuevos".

Sin embargo, fui un poco más allá en mis preguntas. Mencioné que años atrás los jóvenes (los que hoy en día son adultos-jóvenes) también jugaban fútbol en los parques y en los parqueos. Los vecinos mayores contestaban que eso era verdad, pero que "ustedes" (mi generación) se comportaban mejor: "ustedes no se quitaban sus polos", "ustedes gritaban, pero no gritaban lisuras", "ustedes no tomaban alcohol". Mi experiencia personal como vecino antiguo es que ello no es verdad, pero los vecinos mayores o no lo veían o no lo recordaban. Cegados o no, lo que es posible es que los vecinos mayores veían a los chicos de mi generación como cercanos, como "los chicos de San Felipe", como "vecinos", y en consecuencia como de mejores modales que los jugadores de hoy. Pero también es cierto que cuando se refieren a los jugadores actuales de fútbol, los vecinos mayores no hacen distinciones entre personas de dentro y de fuera, ni entre trabajadores y vecinos. Por su falta de conexión con estos jugadores, pero también por su imagen (su color de piel, sus ropas, su comportamiento), los vecinos mayores no reconocen que los jugadores actuales son personas de San Felipe. Enmarcan a todos como "de fuera" y en consecuencia como inmorales. E incluso más allá de ello, los partidos de fútbol simplemente estaban fuera de lugar. En consecuencia, para ellos, los partidos de fútbol y sus jugadores son intrínsecamente ofensivos y degradan el barrio.

Regulación formal

En general, los partidos de fútbol ocurren sin confrontaciones directas con los vecinos. Por el contrario, los vecinos delegan el conflicto a los serenos, a quienes se les pide que los detengan. Esto ocurría cuando los partidos se tornaban más competitivos y apasionados de lo normal. La mayoría de las veces los serenos solo se acercaban a la zona del partido y les pedían a los jugadores que se calmen un poco. Los jugadores acordaban que se calmarían y continuaban jugando. Algunos trabajadores me mencionaron que ya conocen a algunos serenos, y a su vez los serenos saben que los jugadores no quieren tener problemas con los vecinos. Ello hace que ambos cedan y las cosas se mantengan en orden. Sin embargo, los serenos y el capitán a cargo del cuerpo de serenazgo en San Felipe son reasignados constantemente a otros lugares del distrito, o a veces consiguen trabajos mejor pagados en otros distritos. Cuando esto ocurre, la familiaridad entre serenos y jugadores de fútbol desaparece. Por lo general, cuando un nuevo capitán de serenazgo es asignado a San Felipe, los partidos son interrumpidos como forma de mostrar autoridad y de "reestablecer el orden" en San Felipe.[13] Sin embargo, luego de un tiempo, cuando los serenos empiezan a familiarizarse con los vecinos, las cosas vuelven a su orden regular.

En una de estas ocasiones en que los serenos vinieron a detener el juego, pude observar cómo los jugadores negociaban con ellos. Por lo general, uno de los jugadores que es vecino es el que entra a negociar, mientras que los demás lo apoyan. Un día un grupo de serenos vinieron en un patrullero, manejaron lentamente hasta la mitad de la cancha de fútbol y se detuvieron allí. Los serenos se mantuvieron dentro del patrullero mientras que los jugadores se aglomeraron alrededor. Uno de los vecinos preguntó:

---

13. Esto ocurrió cuatro veces durante el trabajo de campo.

Vecino:	¿Qué pasa, jefe? ¿Algún problema? [los serenos no lo miran directamente. Uno habla por la radio mientras el otro llena un reporte].
Trabajador:	No estamos haciendo nada malo, jefe.
Sereno:	Unos vecinos se han estado quejando. Dicen que están gritando. Pueden oírlos desde sus ventanas. Ustedes saben que está prohibido jugar acá.
Vecino:	Jefe, pero estamos tranquilos. No estamos haciendo bulla. Nadie se ha quejado.
Sereno:	Sí, sí, pero los vecinos se están quejando. ¿Qué le hago? Tienen que parar. Si no me meten a mí en problemas. Me han dado orden de terminar el partido [los trabajadores se fastidian. Un par miran con reprobación a Camión. Otro vecino hace lo mismo con el Gato].
Vecino:	Maestro, el partido está por terminar. Es 20-20 [minutos]. En 10 minutos acaba el segundo tiempo [los demás apoyan, y le piden al "jefe" que les haga el favor].
Sereno:	Bueno, bueno; pero jueguen calmados.

Los serenos mueven el patrullero y se estacionan a unos 10 metros del campo. Los jugadores continúan con el juego, pero mucho más calmados. Dos serenos más aparecen caminando y se acercan al patrullero. Se quedan conversando mientras observan el partido. Luego de 10 minutos el partido termina. Los jugadores se quedan en el campo un momento y se sientan a un lado a conversar. Algunos se van. Los serenos se quedaron en el área hasta que todos los jugadores se fueron.

Algo diferente ocurrió el día que los jóvenes locales se congregaron para jugar, lo cual fue, como mencioné más arriba, un partido más apasionado, pero también algo que ocurre muy rara vez.

Algunos de estos jóvenes estaban observando el partido mientras tomaban cervezas. Grupos de serenos llegaron desde distintas partes (dos a pie, dos en bicicleta, uno en motocicleta y dos en un patrullero) y se ubicaron cerca al campo. Hablaron por su *walkie-talkies*. Los trabajadores miraban el partido sentados en grupo a un lado, a algunos metros de los jóvenes locales. Uno me dijo: "Ya ves. Cuando empiezan a gritar, los vecinos llaman a los serenos y ya termina todo". Los vecinos jóvenes que observaban el partido hacían como que no veían a los serenos, e incluso les decían a los otros: "Sigue jugando. ¿Qué van a decir? Si somos de acá [vecinos]. Ellos saben quiénes somos. ¿Qué pueden decirnos? No les hagas caso". Los serenos no se acercaron al grupo, manteniendo su distancia. El juego se calmó un poco. Los chicos que veían el partido se mantuvieron en su lugar, pero a la vez desafiantes, y esperaban que los serenos los vieran. Uno de ellos se sacó la camiseta; otros abrieron más cervezas, las pasaron y siguieron tomando; otros escupían al piso constantemente. Estaban mostrando territorialidad. En un momento, uno de los jugadores pateó la pelota fuera del campo y esta chocó con el patrullero. Uno de los jugadores se acercó a recoger la pelota, ignorando a los serenos. Los serenos no daban ninguna señal. Los serenos se quedaron allí hasta que el partido terminó. Cuando los observadores empezaron a irse, los serenos también se fueron; pero los jóvenes se quedaron allí conversando un rato. Algunos siguieron pateando la pelota en un círculo un rato, otros fumaban cigarros, unos siguieron tomando cervezas. Uno dijo a los otros: "No pueden hacer nada [los serenos]. ¿Qué pueden decir? Si dicen algo, los miras y les dices que eres de acá y ya. Ellos tampoco quieren meterse en problemas". Los otros asentían. Otro agregó: "Ellos saben quiénes somos. ¿Crees que no nos han visto? Saben que solo pueden meterse con los estudiantes. Solo tienes que enseñarles". Luego de un rato se fueron, con orgullo porque los serenos acabaron respetándolos.

Fuera de control

Hacia la mitad de mi trabajo de campo, la losa de fútbol dentro del Club Cajamarca empezó a ser alquilada. Con el ingreso de un nuevo capitán de serenazgo, las intervenciones de los serenos en la zona del parqueo se hicieron más continuas. De este modo, los jugadores regulares (trabajadores y vecinos adultos) fueron persuadidos de alquilar la losa. En general, intentaban hacerlo, pero la mitad de las veces otros grupos (chicos de uno de los colegios de la zona, el grupo local de boy-scouts, trabajadores de lugares cercanos a San Felipe y otros) la reservaban con anticipación. Cuando esto ocurría, los jugadores regulares esperaban a que el otro grupo termine su tiempo y luego la alquilaban hasta el anochecer. Sin embargo, la mitad de estas veces, estos otros grupos alquilaban la losa por toda la tarde. En estas ocasiones, los jugadores regulares jugaban fuera, en el parqueo de siempre.

En estos casos, las negociaciones con los serenos se volvieron más complicadas. A veces los jugadores decían a los serenos que estaban esperando a que el grupo que estaba en la losa termine de jugar. La mayoría de las veces los serenos se veían satisfechos con esta explicación y permitían que jueguen, pero otras los serenos no negociaban y se colocaban en el área de juego. En la mayoría de las semanas siguientes los jugadores regulares no fueron capaces de jugar ni en el parqueo ni en la losa del Club Cajamarca. En estas ocasiones simplemente se ponían a observar los partidos. A veces uno o dos de ellos (generalmente los más jóvenes) eran llamados para completar los equipos.

Dentro de esta losa, el comportamiento de los jugadores (incluyendo a los trabajadores, vecinos y otros usuarios) era menos disciplinado que fuera. Ello ocurría en parte porque la losa está cercada y podían patear la pelota más fuerte, sin miedo a golpear a algún peatón. El piso de la losa también es mejor que el del parqueo, de modo que los jugadores pueden correr más rápido, con menos temor de rasparse en el piso. Además la losa es un espacio privado, por lo que los serenos no pueden intervenir en ella. En general, observé que gritaban más fuerte, maldecían y se insultaban con más frecuencia y en un tono más fuerte. Camión se comportaba más agresivo de lo normal, y los otros también eran más agresivos controlándolo. En una ocasión, Camión acabó peleando con uno de los trabajadores más jóvenes.

El conflicto fue en ascenso entre Camión y Torito. Se inició cuando estaban jugando en el parqueo (mientras otro grupo alquilaba la losa del club). Luego de un par de jugadas agresivas de parte de ambos, Camión empezó a gritar e insultar a Torito, quien respondió: "Tú comenzaste a patear y empujar. Si te gusta patear, te van a patear también". Los otros los intentaron calmar diciéndoles que jueguen tranquilos y que estaban perdiendo tiempo. Luego, en una pelota dividida, ambos se empujaron y dieron de codazos. Camión se detuvo y empujó a Torito con ambas manos. Los demás se acercaron y pararon el juego. Uno de los trabajadores agarró la pelota. Camión pidió que detengan el reloj. El que tomaba el tiempo se negó y dijo que solo quedaban 10 minutos, que el tiempo seguía corriendo. Agregó que no iba a parar el tiempo aunque sigan discutiendo, y que el partido se acabaría. El juego se volvió más tranquilo.

Cuando los jugadores terminaron su tiempo en la losa alquilada entraron los jugadores del parqueo. El conflicto entre Camión y Torito se activó otra vez. Camión intentó empujar a Torito, pero Torito lo esquivó, y Camión cayó al piso. Camión empezó a gritar y fue contra Torito. Esta vez los otros jugadores no intervinieron. Uno de ellos me comentó: "Ahora si quieren se pueden pelar. Se pueden sacar toda la mierda que quieran". Otro agregó: "Ya, déjenlos que se saquen la mierda. Después van a estar tranquilos otra vez". Camión se sacó el polo invitando a Torito a pelear. Torito no se echó para atrás, y se puso en posición de boxeo. Torito es más joven y ágil que Camión, así que esquivó un par de golpes y logró dar dos puñetes a Camión. Sin embargo, Camión es más grande y los golpes no le hicieron mucho daño. En unos segundos, los dos estaban en el piso, amarrados y sin poder moverse. Los serenos no aparecieron ese día. La pelea acabó ahí, y los demás se negaron a seguir jugando. Algunos se sentaron al borde de la cancha; otros se pusieron a patear la pelota en un círculo. Camión intentó animar a los demás a seguir jugando. Torito se sentó a un lado. Nadie hizo caso. Camión, al no recibir respuesta, se fastidió y se fue. Algunos vecinos empezaron a mirar qué pasaba desde sus ventanas.

Los grupos de fuera que alquilan la losa se comportan diferente a los jugadores regulares. Además de gritar y maldecir fuerte y de quitarse los polos luego de los partidos, toman cerveza y compran comida. Estos grupos son también más numerosos que el grupo regular de jugadores. Dos veces observé pequeños campeonatos entre cuatro equipos de trabajadores de construcción. Como los trabajadores de San Felipe, estos jugadores eran personas humildes y de color más oscuro. Para estas ocasiones estaban bien organizados: tenían uniformes, contrataron un árbitro y también tenían un estéreo tocando cumbia y reguetón durante el partido. Otras personas vinieron a ver los partidos, quizás sus familiares u otros trabajadores. Al final de los partidos tomaban gaseosa y cervezas. Se quedaban después unos 15 minutos luego que el campeonato terminaba, lo que les dejaba tiempo solo para los saludos y para que uno de los equipos reciba el trofeo. El grupo se dispersaba hacia las 6:15 p. m. Nuevamente, vi a los vecinos mirando el campeonato desde sus ventanas, y nuevamente el serenazgo no apareció.

En otra ocasión, el grupo local de boy scouts rentó la losa para una celebración. Estuvieron también sus padres y algunos ex boy scouts de visita. Además de algunos juegos, hicieron competencias de barras y canciones. Luego de la reunión, trajeron dos mesas y pusieron encima galletas, gelatinas y gaseosas. Los antiguos boy scouts trajeron paquetes de gaseosas y chicha. Más vecinos de lo normal acabaron viendo desde sus ventanas y escuchando al grupo cantar y gritar. Y nuevamente los serenos no vinieron.

Durante las últimas semanas de mi trabajo de campo, fui invitado a observar una de las asambleas de vecinos de uno de los edificios al lado del lote del Club Cajamarca. Alrededor de ocho vecinos (de una lista de veinte) asistieron a la reunión. Luego de presentarme, los vecinos aceptaron que me quede y tome notas. Discutieron temas relacionados al mantenimiento del edificio, el recojo de las cuotas de mantenimiento y el uso de este dinero. Al final de la reunión, los vecinos discutieron sobre la fachada del edificio y sus alrededores. Estaban particularmente preocupados de las actividades del Club Cajamarca:

> "He visto que recientemente alguien ha estado alquilando el área para que la gente venga a jugar fútbol. Luego del partido los pueden ver desde la ventana quitándose la ropa y hasta tomando cerveza".
>
> "¿Quiénes son esas personas? Creo que son ambulantes que vienen acá a jugar. Alguien está alquilándoles el lugar y ahora vienen de todo Lima a jugar".
>
> "Yo he visto que durante el día hay gente que trepa la pared [que rodea a la losa de fútbol] y orinan y se ponen a defecar. Nadie controla eso. Mis chicos pueden ver eso".
>
> "¿Podemos hacer algo? Esto está saliéndose de control. ¡Es frente a nuestro edificio! Ese lote se está volviendo una barriadita. He visto que han instalado unas casetas de triplay ahí dentro. Creo que hay gente que está empezando a vivir allí, de a poquitos".
>
> "Si no controlamos eso, pronto va a convertirse en una barriada".
>
> "No podemos dejar que San Felipe se vuelva una barriada. ¡Está frente a nuestro edificio!".

El presidente de la asamblea se veía confundido. Me había comentado antes de la reunión que el problema del Club Cajamarca es de larga data en San Felipe, y está fuera de la capacidad de un solo edificio el resolverlo. Se necesitaba un acuerdo coordinado entre las asambleas de todos los edificios de San Felipe o una intervención de la Municipalidad, pero ello era bien difícil. Decidió participar en la discusión:

> Okey, okey. Ese es un gran problema que no podemos resolver ahora. Podemos pensarlo a largo plazo, pero va más allá de lo que podamos hacer. Vamos a tener que hablar de esto con los presidentes de otros edificios y con la Municipalidad.

Los vecinos no se veían conformes con su intervención. Uno de ellos pidió al presidente de la asamblea que escriba una carta al alcalde lo antes posible. El presidente estaba de acuerdo en que debían hacer algo pronto, pero necesitaba coordinar con otros presidentes. Un vecino contestó que la situación se estaba rebasando: "Si tenemos una barriada frente a nuestros departamentos, el valor de los departamentos se va a venir abajo".

Otros vecinos estaban de acuerdo. El presidente respondió:

> Miren, yo sé que lo que ocurra con ese terreno nos afecta, pero está fuera de nuestro edificio. Nosotros no podemos decidir qué se puede hacer con él. Legalmente el Club Cajamarca tiene posesión de ese terreno. No puedo ir a la Municipalidad o al Congreso y decirles que los desalojen. Es propiedad privada. Miren, los serenos no pueden meterse. Es como si a mí no me guste uno de los vecinos porque hace mucha bulla. No le puede decir que se vaya porque no me gusta o lo que sea. Necesitamos una acción coordinada con otros edificios.

Nuevamente los vecinos no se veían convencidos, y continuaban con la preocupación de que las actividades del Club Cajamarca continúen y se salgan pronto de control. La reunión terminó con los vecinos discutiendo nuevamente acerca de los problemas internos del edificio.

* * * * *

En este capítulo he explorado los distintos discursos o formas de entender el espacio común que los sanfelipanos y las personas tienen. He mencionado que los adultos-mayores, por su mayor presencia en las organizaciones locales y contacto con la Municipalidad, están en mejores condiciones que otros grupos para hacer que su discurso sobre el espacio sea el que prevalezca. Sin embargo, la capacidad de la Municipalidad para imponer este discurso es también limitado, constantemente enfrentado e incluso burlado por otros vecinos y personas de fuera. Aun así, el discurso de los adultos-mayores es el que prevalece.

He examinado distintas situaciones para ver cómo los marcos y fronteras se activan cuando un evento (usar el parque para jugar, montar *skate* y jugar fútbol) tiene como protagonistas a individuos distintos. He seguido el modelo ejemplar de Duneier (2000) sobre vendedores de libros como base metodológica para desarrollar comparaciones realistas: comparar situaciones similares llevadas a cabo por actores de distintas características que ocurrieron de forma espontánea y en un ambiente contextualizado, y no bajo la forma de experimentos controlados y descontextualizados. La observación sistemática muestra que, en el caso de las áreas comunes de San Felipe, los marcos y fronteras usadas para la evaluación de otros se activan de forma selectiva y se tornan en prácticas disciplinarias o confrontacionales (sea por parte de los vecinos o de los serenos) cuando las características de los individuos en cuestión parecen o encajan con aquellas asociadas a la imagen del "migrante icónico". Cuando no existe certeza sobre la posición del individuo, los marcos y fronteras se pueden activar para evaluar, pero no se tornan en prácticas disciplinarias. Por el contrario, los individuos que son enmarcados como vecinos (esto es, clase media tradicional), son más tolerados cuando hacen cosas en el parque que no serían toleradas si se tratara de otras personas.

CONCLUSIÓN

Grupos de clase media y generaciones

En esta investigación quise explorar las transformaciones de la clase media peruana contemporánea, incluyendo un retrato de los grupos que la forman y de las relaciones que existen entre ellos. Para ello, usé el caso de la Residencial San Felipe como un "laboratorio natural", es decir, como un escenario extraordinario y a la vez real en donde podemos encontrar a estos grupos y observar sus relaciones cotidianas de forma espontánea. Para analizar este fenómeno, cuestioné la idea de que la existencia de grupos deriva en la formación de una clase. Por el contrario, me aproximé a estas categorías como fenómenos relacionales y fluidos. Esta aproximación me permitió desestabilizar estas categorías, que normalmente son consideradas como dadas. En esta sección quiero, primero, mostrar que esta perspectiva relacional-fluida supera a las aproximaciones más estáticas de las nociones de grupo y clase. Segundo, quiero profundizar en el impacto de la clase y la generación en el consumo colectivo en espacios locales. Finalmente, quiero desarrollar la idea del impacto del envejecimiento en los barrios y en la ciudad.

Formación de grupos

Comúnmente, los estudios sobre comunidad y los estudios de orientación cuantitativa tienen la tendencia a asumir como dada la existencia de grupos sobre la base de determinadas características primarias (etnicidad, clase, estilo de vida y otros). Pongo este supuesto en cuestión. Una multitud de investigaciones muestran que la relación entre clase o etnicidad y localización en un lugar como un barrio genera las condiciones necesarias para la formación de grupos de clase o étnicos. Desde los orígenes de la sociología urbana, los estudios de comunidad han mostrado esta asociación al estudiar barrios con identidades de clase o étnicas sólidas (Whyte 1965; Gans 1967, 1982; Kelafas 2003), barrios étnicos fragmentados por clase (Drake y Cayton 1993; Anderson 1990, 1999; Pattillo-McCoy 1999) y barrios de clase fragmentados por etnicidad (Suttles 1968, Rieder 1985). Aquí no quiero refutar los resultados mostrados por estos estudiosos. Solo quiero resaltar que estos estudios se centran en una de las sociedades con estructura social más consolidada en términos de clase y raza, como es el caso norteamericano (Massey 2007). Allí, específicamente las fronteras de clase y raza son sólidas (en particular para los afroamericanos), y estas se encadenan con mecanismos generadores de desigualdad como la segregación residencial, la estructura de trabajo, la calidad y logro educativo, la exposición al crimen e incluso las políticas punitivas.[1]

Comparemos este sistema de estratificación con otros sistemas clásicos y bien estructurados de estratificación: Francia e Inglaterra. Ambos países han desarrollado identidades y discursos de clase sólidos, disminuyendo a su vez la relevancia de otras

---

1. De hecho, Pattillo-McCoy (1999) encuentra que los individuos de clase media afroamericana se encuentran en desventaja en varios aspectos en comparación con sus pares blancos de clase media: dado que los afroamericanos están altamente segregados, asisten a escuelas de menor calidad, están más expuestos al crimen y al acoso policial, y tienen menores oportunidades de acceso a trabajo que individuos blancos de clase media.

fronteras, como la racial o étnica. De hecho, las desigualdades raciales, la segregación residencial por raza y el encarcelamiento racial son mucho más bajos que en los Estados Unidos. Aun así, etnicidad y religión aparecen como clivajes importantes para hacer clasificaciones e identificar estilos de vida en estas sociedades. Por ejemplo, en Francia, Lamont (2000) encontró que los inmigrantes negros de antiguas colonias, francófonos y católicos, son considerados como personas "similares", "decentes" y "honorables" por parte de los ciudadanos francés nativos; mientras que los inmigrantes árabes que vienen de antiguas colonias, que no hablan francés y de religión musulmana, son considerados como "diferentes", "incivilizados" e incluso "peligrosos". De modo similar, para Bennett et ál. (2009) los grupos étnicos (en particular los indios, árabes, judíos y asiáticos) pueden ser parte de la clase media o trabajadora, aunque estos grupos desarrollan estilos de vida y patrones de consumo distintos a los del resto de los ciudadanos británicos de la misma clase. Sin embargo, las desigualdades entre los grupos étnicos son considerablemente menores que en Estados Unidos.

Los países latinoamericanos son, por el contrario, sociedades en donde han prevalecido la mezcla racial (en la forma de mestizaje) o la homogeneización (por medio del exterminio de las poblaciones indígenas). Esto no significa que las desigualdades étnicas y las diferenciaciones no existan. Por el contrario, las desigualdades étnicas o raciales son fuertes y persisten a escala estructural, sobre todo en las posiciones superior e inferior (Atal et ál. 2009, Telles 2006, Thorp y Paredes 2011). Sin embargo, el medio de la estructura social es muy fluido. En este contexto, los migrantes internos (generalmente población indígena o negra) han encontrado un ambiente hostil para incorporarse a la ciudad, pero aun así con menor resistencia a la movilidad social y, como sugiero aquí, a la incorporación a la clase media. A esto debemos agregar que el crecimiento económico en las últimas décadas ha revertido la tendencia hacia la polarización de clases, e incluso ha aumentado la movilidad social y ha contribuido a la expansión de las clases medias (Franco et ál. 2010). Dado el carácter más débil de las fronteras de clase y étnicas, estudiar las clases medias latinoamericanas permite una exploración más detallada de los procesos y mecanismos que se encuentran en la base de la formación de grupos y de identidades grupales. De este modo, San Felipe es un ambiente en donde clase y etnicidad eran categorías muy difusas y puestas en discusión. En consecuencia, no tomé la existencia de grupos de clase, étnicos o de cualquier otro tipo como dados. En esta investigación fui más abierto a usar categorías de clasificación que emergían desde los mismos actores y que cimentan la formación y existencia de grupos.

En los primeros capítulos de este libro puse en cuestión la idea de que individuos que ocupan una misma posición social forman o tienden a formar un grupo de clase. Pronto en mi trabajo de campo los sanfelipanos me mostraron que compartir una misma posición de clase no hacía que las personas se identifiquen con sus vecinos como miembros de un mismo grupo. Cambios en la estructura social y urbana generaron las condiciones para que algunos individuos de origen migrante se ubiquen en la misma posición de clase y espacial que otros individuos de la clase media tradicional. Sin embargo, a pesar de ocupar esta misma posición, eran considerados como diferentes (particularmente por los adultos-mayores, y entre ellos más aún por las mujeres). Aquí es en donde la relación entre clase y estatus (que históricamente han estado conectados), actualmente en transformación, se torna importante para la formación de grupos. Analizar el espacio social como algo en movimiento y en transformación es la primera forma en que esta perspectiva relacional-fluida supera a una aproximación estática a la sociedad.

El caso de San Felipe puede parecerse al de Winston Parva (Inglaterra) estudiado por Elias y Scottson (1994). Allí, los autores encontraron una comunidad en la cual todos los vecinos eran similares en todo aspecto, pero aparecía una distinción entre vecinos establecidos (antiguos) y foráneos (nuevos) que se creaba y traducía en diferencias de estatus que tenían consecuencias en la vida cotidiana del barrio. En Winston Parva los vecinos antiguos compartían un conjunto de experiencias de vida y un estilo de vida que hacía que vean a los vecinos nuevos como distintos e incluso inferiores a pesar ser similares en todo otro aspecto (clase, nivel educativo, origen, religión, etnicidad, etc.). Esto es algo similar a lo encontrado en San Felipe. Sin embargo, el caso de Winston Parva mostraba diferencias de estatus en su forma más pura y arbitraria: una distinción marcada simplemente por ser un vecino antiguo o nuevo. Esta distinción tenía una razón, de orden organizativo, que la justificaba: los vecinos antiguos estaban organizados y podían resolver problemas colectivos en su sector del barrio (como tener comunicación con autoridades locales y resolver problemas cotidianos), mientras que los vecinos nuevos no estaban organizados y no eran capaces de lograr resolver problemas en su sector. Como resultado, los vecinos antiguos estereotipaban a los vecinos nuevos como sucios (pues la basura se acumulaba en su sector), como torpes (pues tenían iniciativas poco efectivas y de forma descoordinada) y menos civilizados (pues no tenían buenas relaciones con sus vecinos). El caso de San Felipe difiere en el sentido de que las diferencias de estatus están asociadas no solo con la idea de ser un vecino antiguo o nuevo, sino también con la de que a algunos vecinos se les considera más "legítimos" o como "clase media auténtica" en comparación con otros. En el caso de San Felipe, la trayectoria (o la supuesta trayectoria atribuida a alguna persona desde el punto de vista de otro que lo evalúa) en relación con el físico (color de piel) y asociada a características sociales (forma de vestir, comportamiento en público y consumo, entre otras) consideraba ambos aspectos conectados entre sí, y aparecían como el clivaje principal que distinguía a los vecinos antiguos de los nuevos. Los sanfelipanos evalúan a sus vecinos por su (presunta) trayectoria, pero aun así, el punto de vista desde el cual se hace esta evaluación se basa no solo en la posición del grupo (de clase media, cierta etnicidad y otros atributos), sino también en la trayectoria de aquellos que hacen la clasificación. La perspectiva fluido-relacional que seguí acá permite reconocer que los individuos no permanecen estáticos en una posición, sino que, en tanto el espacio social en sí mismo cambia, ellos también cambian de posición en él, y que el movimiento a través de distintas posiciones tiene un efecto en la forma como evalúan a otros. En este proceso de transformación del sistema de estratificación, las categorías de estatus no son estables, compartidas o aceptadas por todos los vecinos de San Felipe, sino que son definidas de forma distinta, se encuentran en disputa, e incluso son rechazadas por algunos vecinos antiguos y nuevos.

El hecho de que la evaluación de otros sea moldeada por la trayectoria es un hallazgo importante de esta investigación. Precisamente, la investigación sobre categorización y fronteras ha enfatizado que estas emergen de la posición en el espacio social (i. e., clase, etnicidad, vivir en grandes ciudades o en ciudades pequeñas, como señala Lamon 1992, 2000). Esta es la segunda forma en la que una perspectiva relacional-fluida supera a una sociología estática. En esta investigación encontré que los sanfelipanos crecieron y se socializaron en periodos distintos. A lo largo de estos, tuvieron más o menos contacto con los migrantes en las distintas esferas de socialización en las que se desenvolvían. Mientras que el estatus basado en etnicidad o color empezaba a debilitarse como el principal mecanismo para asignar prestigio, los recursos organizacionales y educativos (cada vez menos restringidos y monopolizados por grupos privilegiados) comenzaron a aumentar en importancia. Esta transformación estructural se fortaleció y se legitimó por los valores más meritocráticos e individualistas que lograban mayor aceptación en la sociedad. De este modo, a medida que más miembros de la segunda o tercera generación de migrantes se asimilaron en el transcurso de las décadas a diferentes esferas de socialización (escuela, trabajo y barrios) previamente monopolizados por la clase media tradicional, las fronteras que la clase media tradicional erigió frente a los migrantes empezaron a debilitarse. Considerar no solo la posición, sino la trayectoria como elementos que forman el componente cognitivo del *habitus* (en este caso la construcción de fronteras simbólicas) permite una comprensión mejor de los "principios de visión y división" que son la base de la formación de clases y otras formas de agrupamiento.

En este aspecto, lo que nos muestra el caso de San Felipe es que distintas definiciones de estatus que subyacen a la identificación de otros como "similares a uno" (como miembros de un "nosotros") son moldeadas y manipuladas para preservar una visión positiva de la persona o grupo a pesar de ocupar posiciones desventajosas en comparación con otros. Este hecho fue señalado previamente por Lamont (2000), Kelafas (2003) y Bennett et ál. (2009) en una crítica a la aproximación de Bourdieu a los conceptos de estatus y capital simbólico (Bourdieu 1984, Bourdieu y Wacquant 1992), que asumía una definición compartida de lo que significa "más prestigioso", "más refinado", "más bello" o "más educado". Para ser más explícitos, Lamont propone que no existe una definición compartida de moralidad, sino que los grupos de clase o étnicos crean sus propias definiciones para entenderse como personas de valor, e incluso en algunos casos como de mayor valor que otros en posiciones de mayores recursos económicos, culturales o de estatus. Pero mientras Lamont, Kelafas y Bennett et ál. señalan sistemas de categorización compartidos en clases, yo exploro diferencias en el interior de las clases en relación con sus trayectorias.

En San Felipe encontré que en las definiciones de valor de los individuos la trayectoria también juega un rol importante. Por ejemplo, los adultos-mayores antiguos valoraban bastante lo que llaman "educación de hogar" (definida como buenos modales y decencia asociados al origen social), "orientación comunitaria" (cultivar buenas relaciones con sus vecinos) y "desarrollo espiritual" (valores católicos tradicionales opuestos a valores materialistas e individualistas); mientras que los sanfelipanos más jóvenes apreciaban más la "educación de hogar" (esta vez entendida como tolerancia y valores más democráticos) y el "logro personal" (en la forma de valorar la educación formal y el logro material). Además de la coexistencia de estas formas de evaluación, el color de piel (asociado con el origen social indígena o migrante) era considerado por los adultos-mayores como señal de menor valor; mientras que para los más jóvenes el origen social (asociado con el color de piel y características de socialización de clase) era una clara causa de diferenciación, pero no necesariamente una señal de menor estatus. De este modo, y de forma contraria al caso de Winston Parva, en San Felipe la evaluación de vecinos nuevos como distintos e inferiores variaba por cohorte dentro de los grupos de los vecinos antiguos: los adultos-mayores tenían una evaluación más negativa de los vecinos nuevos y los adultos-jóvenes tenían una visión más positiva o neutral de estos. De modo similar, los vecinos nuevos no erigen fronteras fuertes respecto a los vecinos antiguos. Así, principalmente los adultos-mayores de San Felipe eran capaces de identificar en su propio barrio a personas que consideraban "similares" (otros adultos-mayores, adultos y —aunque reconociendo algunas diferencias culturales y generacionales— sus hijos) y a otras personas tenidas por "distintas" (los vecinos nuevos). Todos los otros grupos no identificaban claramente a sus vecinos como radicalmente distintos. En otras palabras, para estos últimos, la distinción entre "nosotros" y "ellos" era más porosa.

Clases medias y el efecto de la generación

¿Qué es clase media? ¿Existe una clase media latinoamericana? Como se mencionó al comienzo de este libro, se está volviendo parte del sentido común que las posiciones intermedias en el sistema de estratificación (ese amplio grupo que no es élite y que no es pobre) están en aumento (Franco et ál. 2010, Arellano 2010). Sin embargo, en esta investigación no he definido clase media como una "posición intermedia". Siguiendo la aproximación teórica que esbocé en la introducción, he enfatizado que clase, como cualquier otra forma de colectividad (étnica, lingüística, religiosa o nacional) es una forma de agrupación, cuya particularidad como una forma de agrupación es que se basa en la posesión de determinados recursos o capitales que permiten el bienestar de dicho grupo, y que esta posesión de recursos va acompañada de mecanismos para excluir a otros del acceso a ellos.[2] En este libro he resaltado que, en cuanto a la posesión de distintos recursos, no existe una clase media latinoamericana (en singular), sino clases medias (en plural).

Sin embargo, mi objetivo en este libro no ha sido solo el de esbozar un mapa de clases desde la posesión de dichos recursos. Pregunté en cambio si los miembros de esta clase media se consideran como pertenecientes a un mismo grupo. Para contestar a esta pregunta tenemos que ver si existe alguna correspondencia entre el concepto sociológico de clase y el concepto práctico de clase que los individuos usan en su vida cotidiana. Las clases cobran forma o "toman vida" cuando dicha correspondencia se articula, es decir, cuando los actores se definen como miembros de una clase y cuando otros actores, grupos e instituciones reconocen y consagran a dicho grupo como clase realmente existente (Thompson 1966; Bourdieu 1985, 1987; Boltanski 1987; Przeworski 1987). El caso de San Felipe permite entender, a partir de la composición de sus residentes y sus esquemas clasificatorios, si reconocen rasgos de similitud con otros vecinos que generen una identidad de grupo y en consecuencia de clase. Como se mencionó, este grupo de individuos de clase media está formado por aquellos que se encuentran en una misma posición en la estructura de clases. Adicionalmente, los sanfelipanos convergieron en el mismo barrio en la ciudad, en un barrio icónico de clase media en Lima. Una similitud de posición en el espacio social, reforzada por una ubicación común en la ciudad,

2. Como cerrazón social, usurpación, monopolización de oportunidades y exclusión, entre otros (Weber 1958, 1974; Parkin 1979; Tilly 1999).

generaría (en teoría) condiciones favorables para la formación de una clase (Giddens 1973). Sin embargo, lo que ocurre es que clase no es un "concepto puro", sino que está mezclado con otras dimensiones de estratificación, como estatus, etnicidad o género. Resalté el papel de la categorización bajo la forma de fronteras simbólicas como un mecanismo de señalar diferencias y desigualdades entre miembros de las clases medias. Siguiendo el trabajo de Bourdieu y de otros académicos en esta línea de trabajo (como Lamont 1992, 2000; Wimmer 2008, 2013; Bennett et ál. 2009), he señalado que una forma importante de legitimar diferencias es simbólica, en este caso, enfatizando elementos como moralidad, educación de hogar, ética de trabajo y señales de origen social como fuentes de estatus y valor. De este modo, a pesar de ocupar posiciones similares en el espacio social y en la ciudad, los individuos de clase media también establecen diferencias en lo cognitivo, desde sus propias trayectorias y de las trayectorias que adscriben a otros. Una distinción entre clase media "tradicional" y "nueva" apareció así como relevante.

San Felipe es un buen lugar para explorar relaciones entre los distintos grupos que forman esta gran categoría llamada clase media. Allí, la posición de clase y la "autenticidad" se intersectan no solo con el origen (en cuanto a trayectoria de reproducción de clase o de movilidad social), sino también en referencia a una noción más racializada de origen social (color de piel y migración). En ese punto encontré que en el corazón de las evaluaciones y relaciones de los sanfelipanos existía una distinción entre la "clase media tradicional", la cual tiene una trayectoria de reproducción social y es considerada por los adultos-mayores como la propia de los "limeños auténticos", y la "nueva clase media", la cual tiene una trayectoria de movilidad social ascendente, posee rasgos indígenas y aunque sus integrantes nacieron en Lima siguen siendo considerados como migrantes. Si bien estos individuos de la "nueva clase media" se autoidentifican como clase media, no son tenidos por los vecinos antiguos como iguales. De hecho, desde el punto de vista de los adultos-mayores, estos no son clase media "auténtica".

Al igual que lo encontrado en Lima, en el caso de Santiago de Chile, Méndez (2008, 2010) descubrió que la clase media chilena también está dividida de acuerdo con nociones de "autenticidad". Sin embargo, el estudio de Méndez resalta que tal autenticidad está relacionada a identidades basadas en patrones de consumo. De esta forma, la clase media más tradicional se identifica con un estilo más europeo (teniendo a Inglaterra y Francia como sus principales referentes) y resalta su posesión de mayor capital cultural, un gusto más refinado y conexión con la tradición y la historia. También existe una "nueva clase media" que se identifica con un estilo más norteamericano, la cual resalta el logro y éxito económico, y que valora el pragmatismo. Finalmente, hay otra noción de ser "auténtico", que es representada por la clase media intelectual de izquierda que se identifica como "más chilena", y muestra preferencias por formas más vernaculares de arte y cultura. La comparación con Santiago es interesante. Aunque es una ciudad que también creció a causa de la migración, la asimilación de los migrantes en la clase media parece haber sido más armoniosa en el sentido de que el color de piel o la división étnica no se erige de forma tan clara o al menos tan espontáneamente por los individuos como en el caso de Lima. De este modo, aunque el color de piel y otras señales de origen migrante pueden ser relevantes para la categorización en la vida cotidiana, los individuos de clase media chilena parecen hacer evaluaciones sobre la base de referencias más propiamente de clase (ocupación, estilo de vida y consumo).

Aunque el caso de Lima es uno en el que la frontera de color aparece de forma fuerte, esta tiene dos particularidades. Primero, la frontera de color de piel aparece como silenciada y escondida detrás de la idea de la frontera de "origen social", la cual tiene en sus raíces al color de piel como uno de sus principales indicadores. Segundo, es interesante observar que la raza y otros factores extraclasistas de estratificación parecen desvanecerse para las generaciones más jóvenes, quienes, por el contrario, prefieren establecer diferencias de estatus en relación con factores de clase o de mercado, como nivel de educación formal, ocupación y estatus económico. En este sentido, parece que hay una tendencia hacia la disminución de la importancia de la frontera de color de piel que va en paralelo a la incorporación de la segunda y tercera generación de migrantes en la clase media y sus esferas de socialización. En consecuencia, parece plausible pensar que el color de piel o la frontera étnica, cristalizada en la distinción entre "clase media auténtica" y "clase media no auténtica", se debilitaría entre los miembros de la clase media (o al menos será silenciada o reprimida), mientras que las fronteras basadas en la clase (como ocupación o estilos de vida) continuarán emergiendo y consolidándose como más legítimas.

En mi aproximación a las clases medias, las generaciones y las cohortes juegan un rol central en la definición de grupos y su separación de otros grupos. Esto aparecía en San Felipe, pero ¿hasta qué punto esto puede ser generalizado al resto de la ciudad? Un hecho importante es que la población de América Latina está envejeciendo rápidamente. Los estimados señalan que los adultos-mayores son el grupo de mayor crecimiento: en los próximos cincuenta años la población más joven (de 0 a 14 años) aumentará 2,5 veces, la población adulta (de 15 a 59 años) aumentará en 3,8 veces y la población adulta-mayor (60 años y más) aumentará 5,8 veces. Además, en los próximos cincuenta años, se espera que el primer grupo se reduzca en 17%, el grupo adulto seguirá creciendo en 33% y el grupo adulto mayor se cuadriplicará (Saad 2011: 52). Los mismos estimados indican que para 2040 el tamaño de la población adulta-mayor alcanzará al de la población más joven y la superará en 30% para 2050. Esta tendencia revela que, aunque actualmente los países de América Latina experimentan un periodo en el cual un gran segmento de la población está en su edad productiva, en los próximos años el envejecimiento de la población será uno de los fenómenos sociales más importantes (Cotlear 2011). Esta tendencia parece indicar que la población en retiro se convertirá en una masa importante y potencialmente en un grupo de interés muy poderoso.

Pero enfoquémonos en el presente. Perú, en términos de su estructura etaria, es un país promedio en América Latina, con el 10% de su población con 60 años a más. El caso de San Felipe es singular en el sentido de que es un lugar con dominio de los adultos-mayores: 21,63% de su población está sobre los 65 años. De modo similar, un distrito de clase media tradicional como Jesús María tiene 14,82% de población del mismo grupo etario. Aunque San Felipe ha envejecido más rápido que el resto de Jesús María y que otras áreas de la ciudad, esta es una tendencia que también ocurrirá en otros barrios de clase media en las próximas décadas. San Felipe muestra el efecto de este cambio demográfico en el consumo colectivo: mientras que los residentes más jóvenes no tienen tiempo para la vida de barrio y la participación local, los problemas vecinales son resueltos por los adultos-mayores. De modo similar, las organizaciones locales son controladas por los adultos-mayores y dependen de sus intereses y esfuerzos. De este modo, los sanfelipanos jubilados, aunque tienen menores recursos, son el grupo más poderoso en el barrio. Tienen tiempo, las redes sociales y las organizaciones para hacer que sus intereses prevalezcan. La relevancia de los adultos y los adultos-jóvenes en el barrio continúa siendo importante como proveedores de recursos económicos para el mantenimiento de los edificios y del barrio. Sin embargo, al tener poco tiempo y reducidas relaciones sociales locales, su influencia y poder sobre el barrio son pocos. Teniendo en cuenta la actual tendencia demográfica, es de esperar que la relevancia y poder de los adultos-mayores aumente en los próximos años. De modo similar, el incremento de tamaño de la población adulta-mayor y de la población retirada en la ciudad también contribuye a que potencialmente sean un grupo de clase más poderoso. Como se determinó en el caso de San Felipe, puede que no tengan los recursos económicos, culturales o sociales para conferirles poder en el mercado, pero ciertamente en el futuro tendrán más poder político bajo la forma de influencia y votos. Y poseen algo que los adultos y adultos-jóvenes no: tiempo para discutir sus problemas y para participar en grupos de interés y organizaciones.

APÉNDICE 1

Una nota sobre la reflexividad en esta investigación

Durante mi trabajo de campo, asistí a varias reuniones de las organizaciones de vecinos de San Felipe. Aunque era claro para los asistentes que yo no era parte de la asamblea y que mi rol era solo el de un observador, siempre se me acercaban y conversaban conmigo, tal como lo hacen con otros vecinos. En estas asambleas, me sentaba a un lado y tomaba notas, intentando llamar la atención lo menos posible. Sin embargo, durante las reuniones, los vecinos siempre me observaban tomando notas. A veces intentaban ver por encima de mi hombro qué era lo que escribía, aunque mi letra cada vez es más ilegible. Hacia el final de una de estas reuniones, antes de irme, algunos vecinos bromeaban diciendo que yo era uno de los asistentes más disciplinados y puntuales en las reuniones de la asamblea. Uno de ellos bromeó diciendo: "Ahora tenemos nuestro propio Guaman Poma acá en San Felipe". Reímos. Luego respondí: "Ojalá pudiera dibujar tan bonito como él". Y reímos otra vez.

No sé si este vecino estaba al tanto de que, de todos los cronistas del periodo colonial, Guaman Poma es especial por ser un indígena que narra la conquista desde el punto de vista de los vencidos, y que, de forma similar, yo era también un antiguo vecino realizando un estudio sobre San Felipe. Claro está, los sanfelipanos no son en modo algunos "los vencidos", pero es cierto que Guaman Poma y yo éramos parte de los mundos que describimos, pero ajenos también. Aun así, luego de esa reunión no podía dejar de pensar con satisfacción que estaba "en el campo". Tenía la misma sensación cuando me daba cuenta de que algunos grupos me incluían en sus listas de *e-mail* y me aceptaban en grupos privados de Facebook y en reuniones pequeñas para discutir problemas relacionados con San Felipe. De modo similar, algunos vecinos me decían, cuando los veía en las veredas o en la plaza de San Felipe, que iba a haber una reunión en su edificio, y me invitaban a ir. A veces hasta me llamaban por teléfono para que no me pierda la reunión. Nuevamente, es ahí cuando uno se da cuenta de que está definitivamente "dentro".

"Estar" en campo tiene definitivamente sus ventajas tanto para recoger información como para entender significados y observar directamente interacciones y prácticas. Sin embargo, la presencia del investigador en el campo (sea solamente observando o interactuando con los actores) hace más evidente la condición de reflexividad[1] de las ciencias sociales. Por reflexividad me refiero al hecho de que el investigador no es un observador externo o que no es invisible para el grupo que está siendo estudiado. Pronto me di cuenta durante mi trabajo de campo de que yo también estaba siendo observado y evaluado constantemente por los vecinos, grupos de vecinos y otros actores externos en cada una de mis interacciones. Me percaté así de que el campo es un lugar donde uno tiene que conducirse con cuidado, y que hacer trabajo de campo a veces requiere las habilidades de un diplomático.

1. Véase Bourdieu y Wacquant 1992, Bourdieu 2004, Marcus 1998.

En las ciencias sociales, quizás de forma más marcada que en cualquier otra área de conocimiento, el tema de la reflexividad tiene que ser considerado más en serio para poder garantizar, lo más que más que se pueda, un análisis objetivo y sistemático. En las ciencias sociales, el término reflexividad ha sido usado para resaltar varios aspectos relacionados al problema del conocimiento del mundo social. Sin embargo, para los objetivos de este estudio me quiero referir a dos aspectos principales que considero los más relevantes: el hecho de que el investigador obedece a categorías de percepción (en relación con la clase, etnicidad, género y otros) que pueden sesgar su interpretación de lo que observa y el hecho de que el investigador es parte de la realidad que estudia y, en consecuencia, puede influenciarla (directa o indirectamente).

El tema de la reflexividad y los sesgos a los que puede llevar ocurre tanto en las aproximaciones cualitativas como en las cuantitativas (Burawoy 1998); sin embargo, las preocupaciones y ansiedad que genera son más visibles en la investigación cualitativa, especialmente en la de tipo etnográfico. La posición del investigador como observador-participante y la forma como se hace la investigación etnográfica cuestiona continuamente nuestras pretensiones científicas: el estar expuestos a otros y nuestra necesidad de comprenderlos hacen que constantemente cuestionemos nuestras propias categorías de percepción y evaluación; y asimismo, el estar expuestos al mundo real nos aparta de las seguridades de nuestros escritorios y computadoras, y hace que dudemos de la fortaleza de nuestros conceptos, tipologías y métodos de investigación. Muchas veces los individuos son conscientes de nuestra presencia y limitan sus comentarios y acciones debido la idea que tienen sobre nosotros y de nuestras intenciones. Algunas veces los individuos nos invitan (o incluso nos demandan) a tomar una posición en temas que son sensibles para la comunidad; nos hacen preguntas sobre nuestra investigación (acerca de cómo nos está yendo, si tenemos resultados preliminares o más aún, si nuestra investigación tendrá alguna relevancia práctica para los problemas reales de la comunidad); o incluso nos piden recomendaciones (a causa de nuestra autoridad académica y pretendida objetividad) respecto a lo que deben hacer para alcanzar algunos resultados, todo lo cual, de acceder el investigador a tales pedidos, puede afectar o "contaminar" nuestro objeto de estudio.

Para esta investigación quiero tocar el tema de la reflexividad como problema, pero también como condición que debe ser expuesta y analizada para generar mejor conocimiento (Bourdieu 1988, 2004; Bourdieu y Wacquant 1992). Considerar los temas respecto a la reflexividad que he señalado obliga al lector a tomar en cuenta dos cosas para evaluar mejor los resultados de esta investigación: exponer algunas de mis características personales y sociales relevantes que puedan afectar mi análisis, de tal modo que el lector pueda evaluar si la información que he recogido y la interpretación que haga de ella es más que aceptable, y contextualizar y describir tanto como sea posible las observaciones e interacciones que he usado para esta investigación para que el lector pueda evaluar cómo mi presencia podría ser un factor que afecte el curso de los eventos.

Crecí en San Felipe y viví allí hasta que me fui a los Estados Unidos a hacer un doctorado en sociología. Poco después, como hicieron otras familias tradicionales de San Felipe, mi familia se mudó a otro distrito de clase media en Lima a medida que la infraestructura de los edificios se deterioraba. La gente que nos conocía generalmente nos consideraba como una "buena familia" o "buenos vecinos", refiriéndose con ello a todo lo ya explicado más arriba, pero también al hecho de que manejábamos ese complicado balance entre ser amigables y al mismo tiempo mantener la distancia o no invadir la intimidad de otros. Como muchos otros chicos de San Felipe, solía jugar con otros chicos de mi edad en las veredas, parques y estacionamientos. Aunque mi contacto con la gente de San Felipe se redujo considerablemente cuando inicié mis estudios de pregrado en

Perú (y empecé a parar más con gente de otros lados de la ciudad), aún mantuve cierto contacto con algunos jóvenes de mi edad en el barrio. Durante el tiempo que estudié en Estados Unidos, visitaba a algunos amigos (ya adultos) en San Felipe y me cruzaba en la calle con algunos vecinos que me saludaban y enviaban saludos a la familia. Mi imagen como "buen muchacho" fue vuelta a confirmar cuando volví para hacer el trabajo de campo en una posición de estudiante doctoral de una universidad norteamericana de prestigio. Cuando retorné a San Felipe para mi investigación, fue fácil para mí volver a contactar a algunos vecinos antiguos del barrio, quienes me incorporaron (como lo hacen con otros vecinos que regresan) como miembro de la comunidad. Al conocer mis objetivos, tuvieron la amabilidad de presentarme a otros sanfelipanos (tradicionales y nuevos) que no conocía.

Para realizar esta investigación mostré dos facetas de mi persona, las cuales los vecinos reconocieron fácilmente: como vecino antiguo de San Felipe y como estudiante doctoral haciendo la investigación para su tesis. La primera fue fácilmente corroborada por los vecinos a los que conocía (directa o indirectamente) de décadas y por vecinos que conocí por primera vez durante mi investigación.[2] De modo similar, mi conocimiento práctico de San Felipe, de sus vecinos y de sus historias fue puesto a prueba constantemente por los vecinos; y claro, pasé la prueba. Sobre mi persona, supongo que algunas marcas de clase (como mi acento, forma de hablar, lenguaje corporal, modales, forma de vestir, etc.) también fueron importantes para validar mi presentación como alguien con credenciales educativas altas. Nuevamente, los vecinos gustaban de tener conversaciones conmigo sobre política, literatura, música y acerca de la vida en Estados Unidos. Mis comentarios al respecto también eran

2. Por lo general, fui presentado a personas que no conocía anteriormente por otros vecinos que confirmaron mi identidad y mis objetivos. En ocasiones algunos vecinos que conocí durante el trabajo de campo me mencionaron que "venía recomendado" como una "persona seria".

aprobados por los sanfelipanos, quienes nuevamente corroboraban que San Felipe congrega a gente profesional y educada.

Decidí presentar mis objetivos y explicar mi rol como investigador a la mayor cantidad de personas cuanto fuera posible. Aunque sabía que podía afectar lo que los vecinos pudieran decirme y la forma como actuarían cuando los observara, consideré que era una regla de comportamiento ético y de cortesía para con ellos. De la misma manera, cuando asistí a reuniones privadas o abiertas de los distintos grupos en San Felipe, me presenté y les pedí permiso para estar ahí y tomar notas. Resalté que mi papel era el de un observador neutral y pasivo, y que no tomaría posición o rol activo en ninguna reunión o en ningún grupo. Sin embargo, cuando algún vecino quería conocer mi opinión sobre algunos temas, fui sincero en manifestar mi punto de vista incluso si era contrario; pero también dejé en claro que esto no afectaría mi posición como observador neutral.

Además, el consentimiento informado presentado antes de asistir a reuniones y de realizar entrevistas (a pesar de mis pronósticos pesimistas[3]) de hecho generó más confianza en los vecinos,

---

3. En un inicio, pensaba que el consentimiento informado generaría sospecha y rechazo dado que los limeños en general son reservados y desconfiados respecto a firmar documentos proporcionados por terceros a causa del alto número de fraudes (en especial en el caso de las personas mayores). Sin embargo, todos mis entrevistados aceptaron firmar el consentimiento, salvo uno, pero dio su consentimiento oral (grabado). También pensé que el consentimiento informado generaría o aumentaría la distancia con los entrevistados. Tengo la impresión de que ello no ocurrió porque los entrevistados fueron muy abiertos a la hora de contestar mis preguntas (incluso algunas sensibles, como las referentes a raza e ingresos). De hecho, los vecinos consideraron que el consentimiento informado era una señal de que mi investigación era seria, al compararla con las experiencias que habían tenido como participantes en otras investigaciones (por lo general, encuestas de opinión). Algunos vecinos comentaban bromeando que el consentimiento informado era una "cuestión bien gringa", ya que consideran (o tienen referencias) que la cultura norteamericana es muy legalista y que incluso son medio "paranoicos" en relación con la firma de contratos y el establecimiento de reglas, pues han escuchado que muchas personas se demandan y van a juicio. Aun así, creo que los sanfelipanos estuvieron dispuestos a firmar el consentimiento informado porque era yo en persona quien realizaba las entrevistas, y, claro está, me aseguraba de que mis entrevistados me cono-

quienes lo consideraron como una señal de que estaba haciendo una investigación "seria". Resalté mi compromiso de confidencialidad y anonimidad, y nuevamente los vecinos confiaron en mí, dado que en las entrevistas mencionaban no solo asuntos personales, sino también comentarios y conflictos que habían tenido con otros vecinos, siendo explícitos acerca de sus nombres y direcciones. En el caso de los grupos a los que seguí durante mi trabajo de campo, en algunos casos me preguntaron sobre las actividades de otros grupos antagonistas. De un modo muy cortés les hice recordar que tenía un compromiso de confidencialidad. Los vecinos procesaron esto de un modo ambivalente: por un lado, continuaron dándome acceso a sus reuniones y siguieron siendo explícitos en sus opiniones sobre los miembros del otro grupo; pero, por otro lado, estoy al tanto de que hubo algunas reuniones de estos grupos a los que no fui invitado a observar.

También creo que algunas de mis características personales fueron importantes para cruzar las fronteras de clase, color, educación, generación y morales que permean la vida en San Felipe. Comprobé así que ser un vecino antiguo de San Felipe y estudiante de posgrado me facilitó el acercamiento a todo tipo de vecinos (adultos-mayores y adultos-jóvenes, antiguos y nuevos) y que fueran en general muy abiertos a permitirme entrevistarlos y tener conversaciones informales con ellos en el parque, en las veredas y en la calle. Creo que todo esto fue particularmente importante para acercarme a los vecinos mayores, algo que para alguien de fuera sería muy difícil. De modo similar, mi color de piel y forma de hablar fueron importantes para cruzar fronteras en San Felipe. En Lima yo sería categorizado en algún lugar dentro de las híbridas y amplias categorías de "mestizo", "criollo" o "trigueño"; categorías con las que se autodefinen la mayoría de los sanfelipanos. De hecho,

cieran un poco antes de pedirles que me concedan una entrevista (o luego de que alguna otra persona les daba referencias sobre mí).

mi acento limeño, mi alto nivel educativo y otras marcas de clase incorporadas (como estudiar en una universidad en el extranjero) algunas veces me hicieron pasar como una persona "más blanca" o "más madura" a los ojos de algunos. Esto, por su puesto, era muy valorado por los adultos-mayores. De igual modo, el ser joven y tener cierto conocimiento de la historia cotidiana de San Felipe, así como ser menos formal y ser competente en lo que Anderson (1999) llama "cambiar de código" me permitió interactuar y tener contacto con los vecinos más jóvenes.[4]

Es posible que como vecino antiguo de San Felipe mis evaluaciones estén sesgadas y me hagan menos objetivo a la hora de entender a los sanfelipanos. Sin embargo, de alguna forma soy también una persona de fuera. Primero porque, como mencioné, mi familia se mudó de San Felipe mientras, viví en Estados Unidos en los últimos años. Creo que tener contacto con personas de otros lugares de Lima e incluso pasar parte de mi vida en otros países y con persona de distintas culturas, grupos étnicos, estilos de vida, nacionalidades, etc. me ha dado cierta distancia y escepticismo respecto de las categorías con las que los sanfelipanos y otras personas observan y evalúan al mundo. De este modo, creo que soy lo suficientemente cercano y distante de San Felipe para ser comprensivo y objetivo en la realización de este estudio.

Por supuesto, escoger San Felipe como lugar de estudio está muy relacionado a mis intereses personales como adulto-joven de clase media que ha visto cómo Lima y la clase media han cambiado

---

4. No entrevisté a personas menores de 18 años, sino en general a las que toman decisiones en el hogar, sean hombres o mujeres, dueños o inquilinos. La población más joven solo es relevante para el capítulo 4, acerca del comportamiento en espacios comunes. En este caso, mi edad y educación (así como mi compromiso de seguir procedimientos aprobados por el Comité de Ética de Investigación respecto a personas menores de edad) fueron más perturbadores en relación con la observación participante e interacción. En el caso de estos actores, limité mi investigación a conversaciones informales en espacios públicos y no intrusivas.

drásticamente en las últimas décadas. Como en la mayoría de investigaciones, nuestros temas y preguntas de estudio están altamente influenciados por nuestras biografías, valores e intereses personales. Esto, por supuesto, no invalida nuestras pretensiones de objetividad. Sin embargo, es importante practicar la autocrítica y ser conscientes de nuestras inclinaciones a la hora de investigar. De modo similar, nuestra elección de objetos de estudios está altamente influenciada por nuestras características personales y posibilidades (hablar un idioma y no otros, ser de cierta edad, ser hábil haciendo observación participante o trabajando con archivos o con números, tener el contacto previo con un grupo, e incluso conocimiento, especialización y compromiso con cierto paradigma, metodología o área de investigación). En mi caso, soy consciente de que escoger San Felipe como lugar de estudio estuvo determinado por mi conocimiento práctico previo del lugar y mis características personales, que al parecer hacían de mí un buen candidato para realizar este estudio. Como mencioné más arriba, considero que mis características personales también me ayudaron a tener acceso y cercanía a varios vecinos, cuestión que hubiera sido mucho más complicada para investigadores con otras características.

Ser un etnógrafo de su propio mundo tiene la ventaja de la proximidad, pero también el peligro de estar demasiado cerca o muy identificado con el objeto de estudio, lo que potencialmente haría que uno vea todo como normal u obvio. No soy la primera persona que estudia un lugar como investigador y miembro al mismo tiempo.[5] Un caso en el que encontré un desarrollo a mayor profundidad del tema del investigador cuyo objeto de estudio es su propio mundo es el trabajo de Bourdieu sobre la academia francesa (1988) en el momento en el que era, junto a Foucault y Derrida, un joven

5. Destaco rápidamente el caso de Herbert Gans, que compró una casa en Levittown y se convirtió en un vecino precisamente para hacer una investigación sobre su comunidad; así como los de Sharon Zukin, Elijah Anderson y Mary Pattillo, quienes estudiaron los barrios donde vivían.

intelectual prometedor y reconocido, pero aún en una posición relativamente baja en su disciplina. Él reflexiona sobre esta experiencia y da un consejo:

> El sociólogo que escoge estudiar su propio mundo en sus aspectos más cercanos y familiares no debe, como haría el etnólogo, domesticar lo exótico, sino, si me aventuro a sugerir la expresión, exoticizar lo doméstico, a través de una ruptura con su relación inicial de intimidad con modos de vida y de pensamiento que aparecen opacos porque les son muy familiares. (1988: xi. Traducción mía)

Cuestionar continuamente los asuntos dados por sentados (sobre las personas y acerca del mundo en general) fue una regla general que seguí durante esta investigación. Pero también vivir en otro país en los últimos años ha sido una experiencia que facilitó mi capacidad de sorprenderme ante cosas que de otro modo consideraría como normales. Practicar este hábito de cuestionar lo que pensaba que era obvio hizo que muchas veces vuelva donde mis entrevistados para pedirles mejores explicaciones porque analíticamente no daba con el sentido de sus respuestas. Asimismo, la práctica de tomar notas y escribir reportes como si fueran a ser leídos por un extranjero también me ayudó a reflexionar sobre los elementos contextuales que un residente de San Felipe o un limeño tomaría por normales.

Finalmente, en relación con mi presencia en el campo, me di cuenta rápidamente de que era notoria y tema de conversación frecuente entre varios vecinos. Como mencioné, mis características me permitieron tener fácil acceso a distintos tipos de vecinos y grupos en San Felipe. Siempre aceptaron mi presencia (y de mi cuaderno de campo), y en cierto punto empezaron a considerarla como parte normal del escenario. Algunas veces incluso me felicitaban por ser tan persistente en mi trabajo y por asistir a tantas reuniones, y siempre sin dejar de tomar notas, lo cual nuevamente hizo que me vieran como una "persona seria". Pero nuevamente traté de ser tan invisible como fuera posible durante las reuniones y de no interrumpir el curso de las conversaciones y de las discusiones, que a veces se salían de tono. Aun así, el problema del investigador que "contamina" el desarrollo de los eventos siempre existe en la observación participante. Mi posición al respecto es que el investigador tiene que practicar lo más posible el ejercicio de estar consciente de los posibles efectos de su presencia e intervención en el campo. En consecuencia, sobre todo en las partes más etnográficas de esta investigación, hago que mi presencia sea visible para el lector. Creo que ello es importante por motivos de objetividad y validación, y es por ello que describo el contexto en el cual los eventos sucedieron, así como la forma en que percibo que mi presencia fue un factor que intervino en el escenario de investigación.

APÉNDICE 2

Cuadro A2.1
OCUPACIONES DE LOS ENTREVISTADOS

CATEGORÍA	N.°
Profesional empleado público retirado	5
Técnico empleado público retirado	1
Administrador retirado	2
Profesional independiente retirado	1
Empresario independiente retirado	1
Ama de casa retirada (esposo profesional)	5
Profesional empleado público	8
Técnico empleado público	2
Profesional independiente	10
Profesional empleado privado	5
Técnico empleado privado	7
Académico/intelectual	3
Empresario independiente	4
Técnico independiente	1
TOTAL	**55**

BIBLIOGRAFÍA

ABBOTT, Andrew

1997 "Of Time and Space: The Contemporary Relevance of the Chicago School". *Social Forces*, n.° 75: 1149-1182.

ADAMS, Norma y Néstor VALDIVIA

1991 *Los otros empresarios: ética de migrantes y formación de empleos en Lima*. Lima: Instituto de Estudios Peruanos.

ALBA, Richard

2005 "Bright vs. Blurred Boundaries: Second Generation Assimilation and Exclusion in France, Germany, and the United States". *Ethnic and Racial Studies*, n.° 28: 20-49.

ANDERSON, Elijah

1990 *Streetwise: Race, Class, and Change in an Urban Community*. Chicago: The University of Chicago Press.

1999 *Code of the Street: Decency, Violence, and the Moral Life of the Inner City*. Nueva York, Londres: Norton & Company.

2011 *The Cosmopolitan Canopy: Race and Civility in Everyday Life*. Nueva York: Norton.

2012 "The Iconic Ghetto". *The Annals of the American Academy of Political and Social Science*, n.° 642: 8-44.

ARELLANO, Rolando
2010 *Al medio hay sitio: el crecimiento social según los estilos de vida*. Lima: Planeta.

ARELLANO, Rolando y David BURGOS
2010 *Ciudad de los Reyes, de los Chávez, de los Quispe*. Lima: Planeta.

ATAL, Juan Pablo, Hugo ÑOPO y Natalia WINDER
2009 *New Century, Old Disparities: Gender and Ethnic Wage Gaps in Latin America*. Washington, D. C.: Inter-American Development Bank.

BAIOCCHI, Gianpaolo
2005 *Militants and Citizens: The Politics of Participatory Democracy in Porto Alegre*. Stanford: Stanford University Press.

BARTH, Fredrik
1969 "Introduction". En Friedrich Barth (ed.). *Ethnic Groups and Boundaries: The Social Organization of Culture Difference*. Long Grove: Waveland Press, pp. 9-38.

BENNETT, Tony et ál.
2009 *Culture, Class, Distinction*. Londres, Nueva York: Routledge.

BLAU, Peter y Otis D. DUNCAN
1967 *The American Occupational Structure*. Nueva York: The Free Press.

BLUMER, Herbert
1958 "Race Prejudice as a Sense of Group Position". *The Pacific Sociological Review*, n.° 1: 3-7.

BOLTANSKI, Luc
1987 [1982] *The Making of a Class: Cadres in French Society*. Nueva York: Cambridge University Press.

BOURDIEU, Pierre
1984 [1979] *Distinction: A Social Critique of the Judgement of Taste*. Cambridge: Harvard University Press.

1985 "The Social Space and the Genesis of Groups". *Theory and Society*, n.° 14: 723-744.

1987 "What Makes a Social Class? On the Theoretical and Practical Existence of Groups". *Berkeley Journal of Sociology*, n.° 32: 1-17.

1988 [1984] *Homo Academicus*. Stanford: Stanford University Press.

1990 [1980] *The Logic of Practice*. Stanford: Stanford University Press.

1993 [1983] "The Field of Cultural Production, or: The Economic World Reversed". En Pierre Bourdieu. *The Field of Cultural Production*. Nueva York: Columbia University Press, pp. 29-73.

2000 [1997] *Pascalian Meditations*. Stanford: Stanford University Press.

2004 *Science of Science and Reflexivity*. Chicago: The University of Chicago Press.

BOURDIEU, Pierre y Loïc WACQUANT
1992 *An Invitation to a Reflexive Sociology*. Chicago: The University of Chicago Press.

BOURRICAUD, François
1967 *Poder y sociedad en el Perú*. Lima: Instituto de Estudios Peruanos, Instituto Francés de Estudios Andinos.

BURAWOY, Michael
1998 "The Extended Case Method". *Sociological Theory*, n.° 16: 4-33.

BURGA, Manuel y Alberto FLORES GALINDO
1981 *Apogeo y crisis de la República Aristocrática*. Lima: Rikchay.

BURGESS, Ernest
1968 [1925] "The Growth of the City: An Introduction to a Research Project". En Robert Park y Ernest Burgess. *The City: Suggestions for Investigation of Human Behavior in the Urban Environment*. Chicago, Londres: The University of Chicago Press, pp. 47-62.

BRUCE, Jorge
2007 *Nos habíamos choleado tanto: psicoanálisis y racismo*. Lima: Universidad San Martín de Porres.

CALDEIRA, Teresa
2000 *City of Walls: Crime, Segregation, and Citizenship in Sao Paulo*. Berkeley, Los Ángeles, Londres: University of California Press.

CALDERÓN, Julio
2005 *La ciudad ilegal: Lima en el siglo XX*. Lima: Fondo Editorial de la Universidad Nacional Mayor de San Marcos.

CASTELLS, Manuel
1974 *La cuestión urbana*. Madrid: Siglo XXI.

1983 *The City and the Grassroots: A Cross-Cultural Theory of Urban Social Movements*. Berkeley, Los Ángeles: University of California Press.

COHEN, Anthony
1985 *The Symbolic Construction of Community*. Londres, Nueva York: Ellis Horwood Limited, Tavistock Publications.

COLLINS, Randall
2004 *Interaction Ritual Chains*. Princeton, Oxford: Princeton University Press.

CÓRDOVA, Adolfo
2008 "Elogio de la Residencial San Felipe". *Puente: Ingeniería, Sociedad y Cultura*, n.° 9: 6-13.

COTLEAR, Daniel (ed.)
2011 *Population Aging: Is Latin America Ready?* Washington, D. C.: The World Bank.

DA SILVA, Graziella M. y Elisa REIS
2011 "Perceptions of Racial Discrimination among Black Professionals in Rio de Janeiro". *Latin American Research Review*, n.° 46: 55-78.

DE CERTEAU, Michel, Luce GIARD y Pierre MAYOL
1998 [1994] *The Practice of Everyday Life Volume 2: Living & Cooking*. Minneapolis: University of Minnesota Press.

DE LA CADENA, Marisol
2004 [2000] *Indígenas mestizos: raza y cultura en el Cusco*. Lima: Instituto de Estudios Peruanos.

DE SOTO, Hernando
1986 *El otro sendero: la revolución informal*. Lima: Instituto Libertad y Democracia.

DESCO
2003 *Perú hoy. La clase media ¿existe?* Lima: Desco.

DOUGLAS, Mary
2006 [1966] *Purity and Danger: An Analysis of Concept of Pollution and Taboo*. Londres, Nueva York: Routledge.

DRAKE, Clair y Horace S. CAYTON
1993 [1945] *Black Metropolis: A Study of Negro Life in a Northern City*. Chicago: The University of Chicago Press.

DREIER, Peter, John MOLLENKOPF y Todd SWANSTOM
2004 [2000] *Place Matters: Metropolitics for the Twenty-first Century*. Lawrence: University of Kansas Press.

DRIANT, Jean Claude
1991 *Las barriadas de Lima: historia e interpretación*. Lima: Desco, Instituto Francés de Estudios Andinos.

DUNEIER, Mitchell
2000 *Sidewalk*. Nueva York: Farrar, Straus and Giroux.

DURKHEIM, Emile
1995 [1912] *The Elementary Forms of Religious Life*. Nueva York: The Free Press.

1997 [1893] *The Division of Labor in Society*. Nueva York: Free Press.

DURKHEIM, Emile y Marcel MAUSS
1967 [1903] *Primitive Classification*. Chicago: The University of Chicago Press.

ELIAS, Norbert y John L. SCOTSON
1994 [1964] *The Established and the Outsiders: An Inquiry into Community Problems*. Londres: Sage.

FERREIRA, Francisco et ál.
2012 *Economic Mobility and the Rise of the Latin American Middle-Class*. Washington, D. C.: The World Bank.

FISCHER, Claude
1982 *To Dwell Among Friends: Personal Networks in Town and City*. Chicago: The University of Chicago Press.

1995 "The Subcultural Theory of Urbanism: A Twentieth Year Assessment". *The American Journal of Sociology*, n.° 101: 543-577.

Flores Galindo, Alberto
1991 *La ciudad sumergida: aristocracia y plebe en Lima, 1760-1830*. Lima: Horizonte.

Franco, Rolando, Martin Hopenhayn y Arturo León (eds.)
2010 *Las clases medias en América Latina: retrospectiva y nuevas tendencias*. México D. F.: Cepal, Siglo XXI.

Galarza, Francisco (ed.)
2012 *Discriminación en el Perú: exploraciones en el Estado, la empresa y el mercado laboral*. Lima: Universidad del Pacífico.

Galarza, Francisco, Liuba Kogan y Gustavo Yamada
2012 "Detectando discriminación sexual y racial en el mercado laboral de Lima". En Francisco Galarza (ed.). *Discriminación en el Perú: exploraciones en el Estado, la empresa y el mercado laboral*. Lima: Universidad del Pacífico, pp. 103-136.

Gans, Herbert
1967 *The Levittowners: Ways of Life and Politics in a New Suburban Community*. Nueva York: Columbia University Press.

1982 [1962] *The Urban Villagers: Group and Class in the Life of Italian-Americans*. Nueva York: The Free Press.

Giddens, Anthony
1973 *The Class Structure of Advanced Societies*. Londres: Hutchinson University Library.

Gilbert, Alan
1998 *The Latin American City*. Londres: The Latin American Bureau.

Goffman, Erving
1951 "Symbols of Class Status". *The British Journal of Sociology*, n.° 2: 294-304.

1959 *The Presentation of Self in Every Day Life*. Nueva York: Anchor Books.

1986 [1963] *Stigma: Notes on the Management of Spoiled Identity*. Nueva York, Londres, Toronto: Simon & Schuster Inc.

Goldthorpe, John H.
1980 *Social Mobility and Class Structure in Modern Britain*. Oxford: Clarendon Press.

Gonzales de Olarte, Efraín, Vhal del Solar y Juan Manuel del Pozo
2011 "Lima Metropolitana después de las reformas neoliberales: transformaciones económicas y urbanas". En Carlos De Mattos y Wiley Ludeña (eds.). *Lima-Santiago: reestructuración y cambio metropolitano*. Lima, Santiago: Pontificia Universidad Católica de Chile, Pontificia Universidad Católica del Perú, pp. 135-176.

Gray Molina, George et ál.
2010 "Estratificación, movilidad social y etnicidad en Bolivia". En Rolando Franco, Arturo León y Raúl Atria (eds.). *Estratificación y movilidad social en América Latina: transformaciones estructurales en un cuarto de siglo*. Santiago de Chile: LOM, Cepal, GTZ, pp. 513-558.

Griffin, Ernst y Larry Ford
1983 "Cities of Latin America". En Stanley Brunn y Jack Williams (eds.). *Cities of the World. World Regional Urban Development*. Nueva York: Harper & Row, pp. 199-240.

Hall, Peter
2002 [1997] *Cities of Tomorrow: An Intellectual Planning and Design in the Twentieth Century*. Oxford, Nueva York: Willey.

HARDOY, Jorge

1975 "Two Thousand Years of Latin American Urbanization". En Jorge Hardoy (ed.). *Urbanization in Latin America: Approaches and Issues*. Nueva York: Anchor Books, pp. 3-56.

HARVEY, David

1990 *The Condition of Postmodernity: An Inquiry into the Origins of Cultural Change*. Cambridge, Oxford: Blackwell.

INSTITUTO NACIONAL DE ESTADÍSTICA E INFORMÁTICA

1983 *Censo nacional de población y vivienda: 1981*. Lima: INEI.

1993 *Censo nacional de población y vivienda: 1993*. Lima: INEI.

2007 *Censo nacional de población y vivienda: 2007*. Lima: INEI.

JOSEPH, Jaime et ál.

2005 "Lima, jardín de los senderos que se bifurcan: segregación e integración". En Alejandro Portes, Bryan Roberts y Alejandro Grimson (ed.). *Ciudades latinoamericanas: un análisis comparativo en el umbral del nuevo siglo*. Buenos Aires: Prometeo, pp. 363-440.

KASARDA, John y Edward CRENSHAW

1991 "Third World Urbanization: Dimensions, Theories, and Determinants". *Annual Review of Sociology*, n.° 17: 467-501.

KELAFAS, Maria

2003 *Working-Class Heroes: Protecting Home, Community, and Nation in a Chicago Neighborhood*. Berkeley, Los Ángeles, Londres: University of California Press.

KOGAN, Liuba, Joanna KÁMICHE y Patricia LAY

2012 "¿El origen socioeconómico y la raza pagan? Un estudio interdisciplinario sobre la discriminación racial y socioeconómica en el ámbito empresarial limeño: el caso de los egresados de la Universidad del Pacífico". En Francisco Galarza (ed.). *Discriminación en el Perú: exploraciones en el Estado, la empresa y el mercado laboral*. Lima: Universidad del Pacífico, pp. 137-218.

LAMONT, Michèle
1992 *Money, Morals, and Manners: The Culture of the French and American Upper-Middle Class*. Chicago: The University of Chicago Press.

2000 *The Dignity of the Working Men: Morality and the Boundaries of Race, Class, and Immigration*. Nueva York, Londres: Russell Sage Foundation, Harvard University Press.

LAMONT, Michèle y Virag MOLNAR
2002 "The Study of Boundaries in the Social Sciences". *Annual Review of Sociology*, n.° 28: 167-195.

LAREAU, Annette
2003 *Unequal Childhoods: Class, Race, and Family Life*. Berkeley, Los Ángeles, Londres: University of California Press.

LATOUR, Bruno
1987 *Science in Action*. Cambridge: Harvard University Press.

LATOUR, Bruno y Steve WOOLGNAR
1979 *Laboratory Life: The Social Construction of Scientific Facts*. Beverly Hills: Sage Publications.

LÉVI-STRAUSS, Claude
1968 *The Savage Mind*. Chicago: The University of Chicago Press.

LOGAN, John y Harvey MOLOTCH
1987 *Urban Fortunes: The Political Economy of Place*. Berkeley, Los Ángeles, Londres: University of California Press.

López, Sinesio
1997 *Ciudadanos reales e imaginarios: concepciones, desarrollo y mapas de la ciudadanía en el Perú*. Lima: Instituto de Diálogo y Propuestas.

Lora, Eduardo y Johanna Fajardo
2011 *Latin American Middle-Classes: The Distinction between Perception and Reality*. Washington, D. C.: Inter-American Development Bank.

MacLeod, Jay
2009 [1987] *Ain't No Makin' It: Aspirations and Attainment in a Low-Income Neighborhood*. Boulder: Westview Press.

Mallon, Florencia
1995 *Peasant and Nation: The Making of Postcolonial Mexico and Peru*. Berkeley, Los Ángeles, Londres: University of California Press.

Marcus, George
1998 "On Ideologies of Reflexibity." En George Marcus (ed.). *Ethnography through Thick and Thin*. Princeton: Princeton University Press, pp. 181-202.

Massey, Douglas
2007 *Categorically Unequal: The American Stratification System*. Nueva York: Sage.

Massey, Douglas y Nancy Denton
1993 *American Apartheid: Segregation and the Making of the Underclass*. Cambridge: Harvard University Press.

Matos Mar, José
1977 *Las barriadas de Lima, 1957*. Lima: Instituto de Estudios Peruanos.

MÉNDEZ, María Luisa

2008 "Middle Class Identities in a Neoliberal Age: Tensions between Contested Authenticities". *The Sociological Review*, n.° 56: 220-237.

2010 "Las clases medias en Chile: transformaciones, sentido de pertenencia y tensiones entre distintos proyectos de movilidad". En Rolando Franco, Martin Hopenhayn y Arturo León (eds.). *Las clases medias en América Latina: retrospectiva y nuevas tendencias*. México, D. F.: Cepal, Siglo XXI, pp. 230-288.

NUGENT, José G.

1992 *El laberinto de la choledad: formas peruanas del conocimiento social*. Lima: Friedrich Ebert.

PANFICHI, Aldo

1995 "Urbanización temprana de lima 1535-1900". En Aldo Panfichi y Felipe Portocarrero (ed.). *Mundos interiores: Lima 1850-1950*. Lima: Universidad del Pacífico, pp. 15-42.

PARKER, David

1995 "Los pobres de la clase media: estilo de vida, consumo e identidad en una ciudad tradicional". En Aldo Panfichi y Felipe Portocarrero (ed.). *Mundos interiores: Lima 1850-1950*. Lima: Universidad del Pacífico, pp. 161-186.

1998 *The Idea of the Middle Class: White-Collar Workers and Peruvian Society, 1900-1950*. University Park: The University of Pennsylvania Press.

PARKER, David y Louise WALKER (eds.)

2013 *Latin America's Middle-Class: Unsettled Debates and New Histories*. Lanham: Lexington Books.

PARKIN, Frank

1979 *Marxism and Class Theory: A Bourgeois Critique*. Nueva York: Columbia University Press.

Patillo-McCoy, Mary
1999 *Black Picket Fences: Privilege and Peril among the Black Middle-Class*. Chicago: The University of Chicago Press.

Pereyra, Omar
2006 "Forma urbana y segregación residencial en Lima". *Debates en Sociología*, n.° 31: 69-106.

Portes, Alejandro
1980 "Latin American Class Structures: Their Composition and Change during the Last Decades". *Latin American Research Review*, n.° 20: 7-39.

Portes, Alejandro y John Walton
1976 *Urban Latin America: The Political Condition from Above and Below*. Austin, Londres: The University of Texas Press.

Portes, Alejandro y Kelly Hoffman
2003 "Latin American Class Structures: Their Composition and Change during the Neoliberal Era". *Latin American Research Review*, n.° 38: 41-82.

Portocarrero, Gonzalo
1995 "El fundamento invisible: función y lugar de las ideas racistas en la República Aristocrática". En Aldo Panfichi y Felipe Portocarrero (eds.). *Mundos interiores: Lima 1850-1950*. Lima: Universidad del Pacífico, pp. 219-259.

1998 "Introducción: ajuste de cuentas: las clases medias en el trabajo de Tempo". En Gonzalo Portocarrero (ed.). *Las clases medias: entre la pretensión y la incertidumbre*. Lima: Oxfam, Sur, pp. 9-37.

2007 *Racismo y mestizaje y otros ensayos*. Lima: Fondo Editorial del Congreso del Perú.

Przeworski, Adam

1987 *Capitalism and Social Democracy.* Nueva York: Cambridge University Press.

Quijano, Aníbal

1977 *Dependencia, urbanización y cambio social en Latinoamérica.* Lima: Mosca Azul.

1980 [1964] "Lo cholo y el conflicto cultural en el Perú." En Aníbal Quijano. *Dominación y cultura: lo cholo y el conflicto cultural en el Perú.* Lima: Mosca Azul, pp. 47-116.

Rieder, Jonathan

1985 *Canarsie: The Jews and Italians of Brooklyn against Liberalism.* Cambridge: Harvard University Press.

Roberts, Bryan

1995 *The Making of Citizens: Cities of Peasants Revisited.* Londres, Nueva York: Arnold.

Roberts, Bryan y Alejandro Portes

2005 "Enfrentando la ciudad del libre mercado". En Alejandro Portes, Bryan Roberts y Alejandro Grimson (eds.). *Ciudades latinoamericanas: un análisis comparativo en el umbral del nuevo siglo.* Buenos Aires: Prometeo, pp. 509-556.

Saad, Paulo

2011 "Demographic Trends in Latin American and the Caribbean". En Daniel Cotlear (ed.). *Population Aging: Is Latin America Ready.* Washington, D. C.: The World Bank, pp. 43-78.

Sabatini, Francisco

2003 *La segregación social del espacio en las ciudades de América Latina.* Documentos del Instituto de Estudios Urbanos y Territoriales, n.° 35. Santiago: Pontificia Universidad Católica de Chile.

SAMPSON, Robert

2012 *Great American City: Chicago and the Enduring Neighborhood Effect*. Chicago: The University of Chicago Press.

SÁNCHEZ-JANKOWSKI, Martín

2008 *Cracks in the Pavement: Social Change and Resilience in Poor Neighborhoods*. Berkeley, Los Ángeles, Londres: University of California Press.

SAVAGE, Mike et ál.

1992 *Property, Bureaucracy and Culture: Middle-Class Formation in Contemporary Britain*. Londres: Routledge.

SMALL, Mario Luis

2004 *Villa Victoria: The Transformation of Social Capital in a Boston Barrio*. Chicago: The University of Chicago Press.

SULMONT, Denis y Marcel VALCÁRCEL

1991 *El camino de la educación técnica: los otros profesionales: los jóvenes de los institutos superiores tecnológicos en Lima Metropolitana*. Lima: Pontificia Universidad Católica del Perú.

SUTTLES, Gerald

1968 *The Social Order of the Slum*. Chicago: The University of Chicago Press.

1972 *The Social Construction of Communities*. Chicago, Londres: The University of Chicago Press.

TELLES, Edward

2006 *Race in Another America: The Significance of Skin Color in Brazil*. Princeton: Princeton University Press.

THOMPSON, Edward P.

1966 *The Making of the English Working Class*. Nueva York: Vintage Books.

THORP, Rosemary y Maritza PAREDES
2011 *La etnicidad y la persistencia de la desigualdad: el caso peruano*. Lima: Instituto de Estudios Peruanos.

TILLY, Charles
1999 *Durable Inequality*. Berkeley, Los Ángeles, Londres: The University of California Press.

1995 *Identities, Boundaries and Social Ties*. Boulder, Londres: Paradigm Publishers.

TOCHE, Eduardo
2010 "Aproximaciones a la clase media de Lima". En Rolando Franco, Martin Hopenhayn y Arturo León (ed.). *Las clases medias en América Latina: retrospectiva y nuevas tendencias*. México D. F.: Cepal, Siglo XXI, pp. 289-354.

VILLA, Miguel y Jorge RODRÍGUEZ
1996 "Demographic Trends in Latin America's Metropolises, 1950-1990". En Alan Gilbert (ed.). *The Mega-City in Latin America*. Tokio, Nueva York, París: United Nations University Press, pp. 25-52.

WEBER, Max
1958 "Class, Status, Party." En Hans Gerth y Charles W. Mills (ed.). *From Max Weber: Essays in Sociology*. Nueva York: Oxford University Press, pp. 180-197.

1978 *Economy and Society: An Outline of Interpretative Sociology*. Berkeley: University of California Press.

WELLMAN, Barry
1979 "The Community Question: The Intimate Networks of East Yorkers". *American Journal of Sociology*, n.° 84: 1201-1231.

Whyte, William F.
1965 [1943] *Street Corner Society: The Social Structure of an Italian Slum.* Chicago: The University of Chicago Press.

Wilson, William J. y Richard Taub
2006 *There Goes the Neighborhood: Racial, Ethnic and Class Tensions in Four Chicago Neighborhoods and Their Meaning for America.* Nueva York: Vintage.

Wimmer, Andreas
2008 "The Making and Unmaking of Ethnic Boundaries: A Multi-Level Process Theory". *American Journal of Sociology*, n.° 113: 970-1022.

2013 *Ethnic Boundary Making: Institutions, Power, Networks.* Nueva York: Oxford University Press.

Wright, Erik Olin
1985 *Classes.* Londres: Verso.

1997 "Class Analysis". En Erik O. Wright (ed.). *Class Counts: Comparative Studies in Class Analysis.* Cambridge: Cambridge University Press, pp. 1-44.

Yamada, Gustavo, Adriana Lizarzaburu y Katia Samanamud
2012 "La persistencia de las brechas étnicas en el mercado laboral peruano". En Francisco Galarza (ed.). *Discriminación en el Perú: exploraciones en el Estado, la empresa y el mercado laboral.* Lima: Universidad del Pacífico, pp. 61-102.

Zapata, Antonio
1995 *El joven Belaunde: historia de la revista* El Arquitecto Peruano. Lima: Minerva.

Made in the USA
Monee, IL
11 November 2026

68341129R00125